GEOS

Lehrbuch
Geographie
Klasse 6

Herausgegeben
von Ludwig Barth
und Dieter Richter

Volk und Wissen Verlag

Die Erarbeitung dieses Lehrbuches wurde vorgenommen von Ludwig Barth und Dieter Richter
gestützt auf Beiträge von
Ludwig Barth
Peter Fischer
Dieter Richter
Gertrud Albrecht
Wolfgang Sitte

Redaktion: Elisabeth Grunert

Kartographische Beratung:
Wolfgang Plapper

Dieses Werk ist in allen seinen Teilen urheberrechtlich geschützt. Jegliche Verwendung außerhalb der engen Grenzen des Urheberrechtes bedarf der schriftlichen Zustimmung des Verlages. Dies gilt insbesondere für Vervielfältigungen, Mikroverfilmungen, Einspeicherung und Verarbeitung in elektronischen Medien sowie für Übersetzungen.

Der Inhalt dieses Werkes folgt der reformierten Rechtschreibung und Zeichensetzung.
DM-Angaben erfolgen in Euro.

ISBN 3-06-040644-8

1. Auflage
5 4 / 03 02
Alle Drucke dieser Auflage sind im Unterricht parallel nutzbar.
Die letzte Zahl bedeutet das Jahr dieses Druckes.

© vwv Volk und Wissen Verlag GmbH & Co. OHG, Berlin 1999
Printed in Germany
Illustrationen: Peter Schulz, Gerold Nitschke, Roland Beier
Kartografie: GbR Peter Kast, Ingenieurbüro für Kartografie, Schwerin
Einband: Volk und Wissen Verlag
Typographie: Peter Schulz
Satz: vwv Volk und Wissen Verlag GmbH & Co. OHG, Berlin
Technische Realisation: Monika von Wittke
Reproduktion: Licht und Tiefe, Berlin
Druck und Binden: Westermann Druck, Zwickau

Inhalt

Europa – vom Atlantik bis zum Ural	5
Kulturelle Einheit und Vielfalt	6
Orientierung in Europa	8
Das Gradnetz der Erde	9
Europa – ein vielgestaltiger Kontinent	10
Aus der Erdgeschichte Europas	12
Kontinent des klimatischen Übergangs	16
Vegetationszonen in Europa	18
Was weißt du über die Staaten Europas?	20
Nordeuropa	21
Die Oberfläche	22
Beleuchtung, Temperaturen und Vegetation	24
Tradition und Gegenwart	26
Holz aus Finnland und Schweden	28
Der Golfstrom	30
Erdöl und Erdgas aus der Nordsee	32
Island – Insel aus Feuer und Eis	34
Was weißt du über Nordeuropa?	36
Westeuropa	37
Räumliche Orientierung	38
Seeklima in Westeuropa	40
Landwirtschaft in Großbritannien	42
London – ein Finanz- und Dienstleistungszentrum	44
England – das älteste Industrieland der Erde	46
Wandel der Industriestruktur	48
Der Eurotunnel	49
Weltstadt Paris	50
Vielseitige Landwirtschaft	52
Frankreichs Stellung in der Europäischen Union	54
Brüssel – „heimliche" Hauptstadt Europas	55
Landgewinnung und Hochwasserschutz in den Niederlanden	56
Rotterdam – ein Welthafen	58
Was weißt du über Westeuropa?	60
Ostmitteleuropa und die Alpen	61
Ostmitteleuropa – räumliche Orientierung	62
Gemeinsame Geschichte, Gegenwart und Zukunft	64
Prag – die „goldene Stadt"	66
Auf Sightseeing-Tour in Ungarns Hauptstadt	68
Warschau – Wiedergeburt einer Stadt	70
Erholungslandschaften in Polen	72
Danzig (Gdańsk)	74
Das Oberschlesische Industriegebiet	76
Das Nordböhmische Industriegebiet	77
Umweltbelastungen	78
Klima und Luftmassen	79
Landwirtschaft in Mitteleuropa	80
Das Große Ungarische Tiefland	82
Im Alpenraum	83
Großglockner und Pasterze	84
Bergbauerntum im Wandel	86
Vom „Armenhaus" zur Freizeitarena	88
Elektrischer Strom aus den Alpen	90
Vom Saumpfad zum Alpentunnel	92
Verkehrswege über die Alpen	94
Der Alpenraum – Wirtschaftsregion oder naturnahe Landschaft?	95
Was weißt du über Ostmitteleuropa und die Alpen?	96
Südosteuropa	97
Räumliche Orientierung	98
Ein Staat zerfiel	100
Die Karstlandschaft	102
Die Donau – eine europäische Wasserstraße	104
Was weißt du über Südosteuropa?	108
Südeuropa	109
Räumliche Orientierung	110
Klima am Mittelmeer – Mittelmeerklima	112
Pflanzen sind angepasst – Hartlaubvegetation	114

Eine Ernte in zwei Jahren – Zweifelderwirtschaft	116
Bewässerungsfeldbau – eine Antwort auf die Trockenheit	118
Vulkane und Erdbebengebiete	120
Italien – Industrieland mit zwei Gesichtern	122
Massentourismus am Mittelmeer	124
Was weißt du über Südeuropa?	126

Osteuropa

Räumliche Orientierung	128
Landklima in Osteuropa	130
Die baltischen Staaten	132
Die Wolga – Europas längster Strom	134
Das Donez-Dnjepr-Gebiet	136
Was weißt du über Osteuropa?	138

Europa im Wandel	**139**
Europa wächst zusammen	140
Europäische Union – was ist das eigentlich?	142
Europaregionen an Deutschlands Ostgrenze	144
Was weißt du über Europa?	146
Sich erinnern – vergleichen – ordnen	147

Geographische Arbeitsweisen	**150**
Karten lesen und auswerten	150
Karte und Profil	152
Mit Karten arbeiten	154
Projektarbeit: Was ist das?	155

Begriffe	**157**

3. Umschlagseite: Beispiele für Kartensignaturen

Europa – vom Atlantik bis zum Ural

Kulturelle Einheit und Vielfalt

Der Begriff Europa wurde von den Griechen um 500 v. Chr. übernommen. Griechische Seefahrer nannten „alles Land" nördlich des Mittelmeeres Europa.

Die kulturelle Einheit Europas beruht auf der gemeinsamen Geschichte seiner Völker und auf dem Christentum. Hier entfalteten sich eine europäische Architektur, Malerei, Literatur und Musik. Baustile wie Gotik und Barock oder die Musikformen der Sinfonie und der Oper sind Ausdruck europäischer Kultur. Wissenschaft und Technik wurden entwickelt.

In Europa leben etwa 70 Völker. Sie alle haben ihre kulturellen Besonderheiten entwickelt. Etwa zwei Drittel der Bevölkerung sprechen eine der acht Großsprachen. Den größten Anteil hat das Russische, gefolgt vom Deutschen und Englischen. Nur kleine Gruppen von Menschen sprechen jeweils die sorbische, die rätoromanische oder die gälische Sprache.

Spätestens im Juli 2002 löst der Euro die Länderwährungen von EU-Staaten ab. Die anderen Länder behalten ihre Währung, einige haben sogar eigene Maße und Gewichte. So bleibt in Staaten Europas manches anders als in Deutschland. Zum Teil sehen die Menschen anders aus, sie kleiden sich anders, haben andere Sitten und Gebräuche und essen andere Speisen.

Sprache	Zahlen	
Deutsch	eins	zwei
Baskisch	bat	biga
Englisch	one	two
Finnisch	yksi	kaksi
Norwegisch	en	to
Polnisch	jeden	dwa
Russisch	odin	twa
Ungarisch	egy	ket

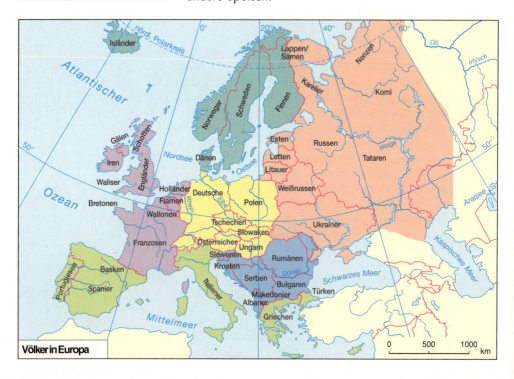

Völker in Europa

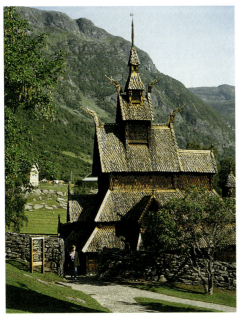
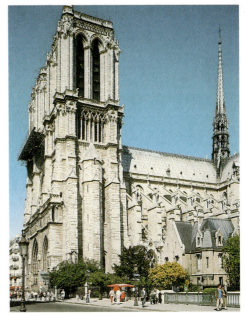

① Beschreibe die Lage Europas zu den anderen Kontinenten anhand einer Erdkarte.
② Beschreibe die Lage Deutschlands in Europa.
③ Gestaltet eine Wandzeitung zum Thema: Sitten und Gebräuche in Europa.

1 Puszta (Ungarn)
2 Käsemarkt (Niederlande)
3 Stabkirche (Norwegen)
4 Notrê-Dame (Frankreich)

Orientierung in Europa

Europa ist mit rund 10 Mio. km² der zweitkleinste Erdteil. Die Nord-Süd-Ausdehnung beträgt vom Nordkap in Norwegen bis zur Insel Kreta im Mittelmeer rund 4 000 km. Von Irland im Westen erstreckt sich Europa über 4 600 km bis zum Uralgebirge im Osten.
Der Erdteil grenzt nach Norden, Westen und Süden an den Atlantischen Ozean und dessen Nebenmeere. Im Osten ist der Kontinent in seiner ganzen Breite mit Asien verbunden. Deshalb bezeichnet man die große Landmasse zwischen Atlantischem und Pazifischem Ozean auch als Eurasien.
Europa ist ein stark gegliederter Kontinent, denn Land und Meer greifen tief ineinander, im Norden die Nordsee und die Ostsee und im Süden das Mittelmeer und das Schwarze Meer. Über ein Drittel der Fläche Europas entfällt daher auf Inseln und Halbinseln.
Die Gliederung der Landmasse legt es nahe, Europa in Nordeuropa, Westeuropa, Mitteleuropa, Südeuropa, Südosteuropa und Osteuropa einzuteilen.
In West-, Mittel- und Osteuropa herrschen Tiefländer vor. Das Europäische Tiefland erstreckt sich über 4 000 km von der Küste des Atlantischen Ozeans bis zum Uralgebirge. Nach Osten wird das Tiefland immer breiter und nimmt schließlich ganz Osteuropa ein. Hier umfasst es mit 5 Mio. km² die Hälfte der Fläche Europas.
Nordeuropa besteht aus Inseln und Halbinseln. Island und die skandinavische Halbinsel sind die größten von ihnen.
In Mitteleuropa schließen sich nach Süden zunächst Mittelgebirge und danach Hochgebirge an.
In Südeuropa gliedert sich der Kontinent in drei große Halbinseln. Im Karpatenraum umrahmen Gebirge das Alföld und die Walachei.

größte Talsperre:
Samara Stausee
58 000 Mio. m²

größte Stadt:
Moskau 8 801 500 Einw.

kleinster Staat:
Vatikanstadt 0,44 km²

Staat mit der größten Bevölkerungsdichte:
Monaco 16 400 Einw./km²

Staat mit der geringsten Bevölkerungsdichte:
Island 2,6 Einw./km²

Flüsse (Länge in km)		Seen (Fläche in km²)		Berge (Höhe in m)	
Wolga	3 531	Ladogasee	17 703	Montblanc	4 807
Donau	2 858	Onegasee	9 720	Matterhorn	4 478
Ural	2 428	Vänersee	5 584	Großglockner	3 797
Dnjepr	2 201	Peipussee	3 550	Pic de Aneto	3 404
Rhein	1 320	Vättersee	1 899	Ätna	3 350
Elbe	1 165	Saimasee	1 460	Zugspitze	2 962
Weichsel	1 068	Inarisee	1 230	Olymp	2 917
Loire	1 020	Mälarsee	1 140	Gran Sasso	2 914
Tajo	1 007	Balaton	592	Glittertind	2 470
Oder	912	Genfer See	581	Schneekoppe	1 602
Ebro	910	Bodensee	539	Feldberg	1 493
Seine	776	Gardasee	370	Ben Nevis	1 343
Po	652	Müritz	115	Vesuv	1 277
Themse	346			Keilberg	1 244

Marko wohnt in Schwerin. Wenn er seine Großmutter in Magdeburg besucht, so fährt er nach Süden. Für Dagmar in Gera liegt Magdeburg im Norden. Und von Potsdam aus gesehen befindet sich die Landeshauptstadt von Sachsen-Anhalt im Westen, von Braunschweig aus im Osten.
Wie kann man die Lage Magdeburgs und jeder anderen Stelle auf der Erde durch eine Ortsangabe eindeutig festlegen?
Dazu benutzt man das Gradnetz der Erde. Linien wurden auf die Karte der Erde bzw. den Globus gelegt und mit Ziffern versehen. Man unterscheidet Breitenkreise und Längenkreise.

Das Gradnetz der Erde

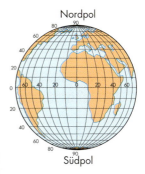

Die Breitenkreise
Der Äquator ist mit rund 40 000 km der längste Breitenkreis. Er teilt die Erdkugel in eine Nord- und eine Südhalbkugel. Parallel zum Äquator laufen die übrigen Breitenkreise um die Erde. Sie haben überall den gleichen Abstand von 111 km zueinander. Zu den Polen hin werden die Breitenkreise immer kleiner.

Die Längenkreise
Die Längenkreise verlaufen vom Nordpol zum Südpol. Sie kreuzen sich alle in den Polen. Deshalb ist der Abstand am Äquator am größten. Dort beträgt er 111 km. Die Längenkreise sind gleich lang. Die Hälfte eines Längenkreises vom Nord- zum Südpol wird als Meridian bezeichnet. Der Nullmeridian verläuft durch einen Stadtteil von London.

Die Gradzählung
Jede Halbkugel wird in 90 Breitenkreise eingeteilt. Sie werden vom Äquator zum Nordpol von 0° bis 90° Nord und vom Äquator zum Südpol von 0° bis 90° Süd gezählt. Vom Nullmeridian wird jeweils bis 180° nach Osten und nach Westen gezählt. Daher gibt es eine östliche und eine westliche Länge.

① Vergleiche die Fläche Europas mit der anderer Kontinente.
② Gib die geografische Breite folgender Orte an: Erfurt, Mainz, St. Petersburg, Ankara, Peking, Pôrto Alegre, Durban.
③ Vergleiche die Breiten- und die Längenkreise nach ihren Merkmalen.
④ Gib die geografische Länge von folgendenden Städten an: Halle, Görlitz, Ulm, Riga, Madras, Belfast, Manaus.
⑤ Miss die Entfernungen: Nordkap – Südküste der Insel Kreta; Westküste Irlands – Südende des Uralgebirges.
⑥ Nenne Inseln und Halbinseln in Europa.
⑦ Welche Staaten sind Binnenstaaten?

Europa – ein vielgestaltiger Kontinent

Nach der Oberflächengestalt gliedert man Europa in vier große Gebiete:

1. **Gebirgs-, Berg- und Seenlandschaften in Nord- und Nordwesteuropa.** Das skandinavische Hochland erscheint mit seinen höchsten Gipfeln in Hochgebirgsgestalt. Nach Osten flacht sich das Bergland allmählich bis zur Ostseeküste ab. Viele Seen prägen die Landschaft.
Die Britischen Inseln erreichen in den Schottischen Hochlanden und im Bergland von Wales ihre größten Höhen.
2. **Tiefländer in West-, Mittel- und Osteuropa.** Das Europäische Tiefland erstreckt sich über 4 000 km von den Niederlanden bis zum Ural in Russland. Nach Osten wird es zunehmend breiter. Es nimmt ganz Osteuropa ein.
3. **Mittelgebirgsländer in West- und Mitteleuropa.** Dieser Teil Europas ist durch viele Bergländer, Beckenlandschaften und Täler stark gegliedert. Das Mittelgebirgsland erstreckt sich vom Zentralmassiv im Westen bis zu den Beskiden im Osten und erreicht in Mitteleuropa seine größte Breite.
4. **Gebirgs- und Beckenlandschaften in Mittel-, Süd- und Südosteuropa.** Die hier liegenden Hochgebirge sind der westliche Abschnitt des europäisch-asiatischen Hochgebirgsgürtels. Die Alpen erstrecken sich von Mitteleuropa bis zur Küste des Mittelmeeres. Die Apenninen schließen sich an.

Merkmale der Oberflächengestalt

a) nach der Höhenlage
Tiefland: bis 200 m
Mittelgebirge: 200 m bis etwa 2 000 m
Hochgebirge: über 2 000 m

b) nach der Oberflächenform
Ebene: kaum bewegt
Flachland: wellig und hügelig
Bergland: Berge und Rücken sanft geböscht
Gebirgsland: schroff und steil

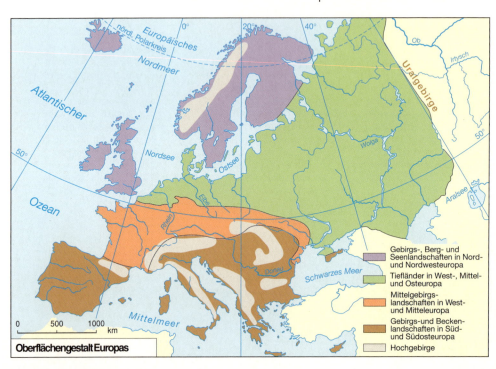

Oberflächengestalt Europas

1

Einsam und menschenleer ist die Hochfläche im Skandinavischen Gebirge. Ein kalter Wind weht über die rauhe Landschaft. Oft tritt nackter Fels zutage. Vereinzelt sind Felsberge aufgesetzt.
Schnee liegt im Sommer nur auf den höchsten Flächen. In den Senken halten sich Moortümpel. Es ist das Land der Rentiere.

2

Im Süden Mecklenburgs ziehen sich lange, schmale und bogenförmige Hügelketten durch das Land. Sie tragen Laub- und Mischwälder.
Kuppige und wellige Ackerfluren schließen sich an. Darin eingebettet liegen zahlreiche Seen, deren größter die Müritz ist.

3

In der Eiszeit waren die Alpen vom Eis bedeckt. Nur die Gipfel schauten aus dem Gletschereis hervor. Demgegenüber sind die wenigen Talgletscher heute klein. Und doch ist der Blick auf die Gletscherzunge ein Erlebnis. Wie ein erstarrter riesiger Strom sieht der Gletscher aus. Unmerklich gleitet das Eis talab.

① Arbeite anhand der Bilder Unterschiede der Oberflächenformen heraus.
② Beschreibe die topografische Lage der in den Bildern dargestellten Landschaften.
③ An welchen Gebieten der Oberflächengestalt Europas hat Deutschland Anteil?

1 Hardangervidda, Norwegen
2 Im Nördlichen Landrücken
3 Aletschgletscher – längster Gletscher der Alpen

Aus der Erdgeschichte Europas

Europa ist ein stark gegliederter und vielgestaltiger Erdteil.

Keine andere Landmasse wird durch Nebenmeere derart untergliedert und löst sich an ihren Küsten in Halbinseln und Inseln auf. Auf keinem Kontinent ist die Oberfläche durch Tiefländer, Bergländer, Beckenlandschaften und Hochgebirge so abwechslungsreich gestaltet.

Gliederung und Oberflächengestalt Europas sind das Ergebnis einer langen Entwicklung. Diese Entwicklung lässt sich in einer Tabelle (S. 14) in ihren wesentlichsten Abschnitten darstellen.

Europa vor 600 Mio. Jahren

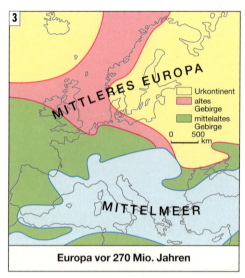
Europa vor 270 Mio. Jahren

Europa vor 400 Mio. Jahren

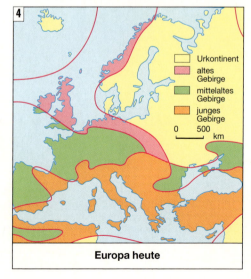
Europa heute

Die Erdzeitalter. Die Erde ist einer der neun Planeten unseres Sonnensystems. Sie entstanden wahrscheinlich vor 5 bis 6 Milliarden Jahren aus sehr heißen Gasen. Damit begann das Sternzeitalter der Erde.

Vor mehr als 3 Milliarden Jahren wurden infolge der allmählichen Abkühlung die Gase zunächst zu einem flüssigen Gesteinsbrei. Schließlich bildete sich an der Oberfläche festes Gestein, die Erdkruste entstand. Nachdem die Temperatur der Gesteine unter 100 °C abgesunken war, schlug sich der Wasserdampf der Uratmosphäre in den Urozeanen nieder. Von da an gab es Kontinente und Ozeane.

Diese Vorzeit der Erdgeschichte gliedern die Geologen in Erdurzeit und Erdfrühzeit. Der Erdfrühzeit folgten die Erdaltzeit, die Erdmittelzeit und die Erdneuzeit.

In der Erdfrühzeit entstand das Leben im Urozean. Es entwickelte sich vor allem seit der Erdaltzeit in Stufen zu immer neuen Formen. Die Entwicklung des Lebens auf der Erde ist durch versteinerte Zeugnisse, Versteinerungen oder Fossilien, überliefert.

Fossilien und Gesteine sind geschichtliche Beweisstücke, die es den Geologen ermöglichen, die Erdgeschichte zu erforschen.

Die erdgeschichtliche Entwicklung Europas. Der Kontinent Europa hat sich in vier Abschnitten zu seiner gegenwärtigen Gestalt herausgebildet. Die ältesten Teile Europas sind schon in der Erdfrühzeit entstanden. Ureuropa umfasste große Teile Nordeuropas, die Ostsee und Osteuropa. In Schweden und auf der Halbinsel Kola bilden uralte Gesteine heute die Landoberfläche.

In der frühen Erdaltzeit entstand das alte Europa. Im Westen wurde ein gewaltiges Gebirge an Ureuropa angeschweißt. Die Bergländer in Großbritannien und das skandinavische Gebirge sind Zeugnisse (siehe Karte 2).

Eine erneute große Gebirgsbildung führte in der späten Erdaltzeit zur Vergrößerung Europas im Südwesten und Süden. Dieses mittelalte Gebirge erstreckte sich im weiten Bogen von Spanien über Frankreich nach Mitteleuropa. Das mittlere Europa hatte sich herausgebildet (siehe Karte 3).

In seiner gegenwärtigen Gestalt ist Europa das Ergebnis einer dritten großen Gebirgsbildung. Junge Hochgebirge stiegen zwischen dem mittleren Europa und Afrika aus dem Mittelmeer auf (siehe Karte 4).

Entwicklung der Pflanzen- und Tierwelt

Erdfrühzeit: erste Spuren des Lebens treten vor etwa 3,3 Milliarden Jahren auf, erste Algen seit 800 Millionen Jahren.

Erdaltzeit: die Lebewelt entwickelt sich zunächst im Meer, seit dem Devon auch auf dem Land. Am Ende der Erdaltzeit gibt es Algen, Quallen, Schwämme, Würmer, Tintenfische, Insekten und Fische sowie Bärlappgewächse, Farne und Schachtelhalme.

Erdmittelzeit: es entfalten sich die Nadelbäume und die Kriechtiere (Saurier). Gegen Ende der Erdmittelzeit treten die ersten Vögel auf.

Erdneuzeit: sie bringt die Blütenpflanzen mit Laubbäumen, Sträuchern, Gräsern und Kräutern hervor. Die Vögel und Säugetiere entfalten sich.
Im Eiszeitalter tritt der Mensch auf.

① Beschreibe nacheinander die Verteilung von Festland und Meer in Europa vor 600 Mio., vor 400 Mio., vor 270 Mio. Jahren und heute.

② Erläutere die erdgeschichtliche Zeittafel, beachte auch die Entwicklung der Lebewelt.

Erdgeschichtliche Zeittafel

Jahre vor heute	Erdzeitalter	Untergliederung		ausgewählte erdgeschichtliche Vorgänge in Europa	
rd. 65 Mio.	Erdneuzeit	Quartär	Holozän	zunehmende Gestaltung der Landschaft durch den Menschen	
			Pleistozän	Wechsel von Warm- und Kaltzeiten, Entstehung der heutigen Oberflächenformen	
rd. 220 Mio.	Erdmittelzeit	Tertiär		Hebung der Alpen, Pyrenäen und Karpaten Schollenhebungen und -senkungen Entstehung der Bruchschollengebirge Braunkohlenbildung	
rd. 600 Mio.	Erdaltzeit	Kreide		wiederholte Bedeckung des mittleren Europa durch ein Flachmeer Ablagerung von Gesteinsschichten im flachen Meer und auf dem Festland	Kreide Sandstein
		Jura			
		Trias			Kalkstein
		Perm		Meeresüberflutung des mittleren Europa Entstehung von Kalisalz, Steinsalz, Kupfererz Abtragung des Gebirges	
		Karbon		Gebirgsbildung im mittleren und westlichen Europa Steinkohlenbildung	
		Devon		Abtragung des Gebirges	
		Silur			
		Ordovizium		Gebirgsbildung im nördlichen Europa	
		Kambrium			
rd. 4 000 Mio.	Erdfrühzeit	Präkambrium			
rd. 4 700 Mio.	Erdurzeit				

1 Präkambrium: niedere Lebensformen entstehen
2 Kambrium: Quallen, Kieselschwamm, muschelförmige Armfüßler, krebsähnliche Dreilapper (bis 70 cm lang), Trilobiten, Medusen
3 Devon: Panzerfisch, Urhai, Ichthyostega
4 Karbon: Farngewächse, Schuppen- und Siegelbäume, Riesenlibelle (70 cm Flügelspannweite)
5 Jura: Antrodemus, Brachiosaurus, Flugsaurier
6 Tertiär: Urpferd, altertümliche Urpaarhufer, Urkamel
7 Pleistozän: Mammut, Säbeltiger, Kondor

Kontinent des klimatischen Übergangs

Europa liegt größtenteils in der gemäßigten Klimazone. Bestimmend für das Klima des Kontinents ist die Lage zwischen dem Atlantischen Ozean und der Landmasse Asiens einerseits sowie zwischen dem Nordpolarmeer und Afrika andererseits.

In den meeresnahen Gebieten herrscht Seeklima, weiter landeinwärts Landklima.

Die vom Atlantischen Ozean wehenden westlichen Winde bringen zu allen Jahreszeiten feuchte Luft in den Kontinent. Aber die Wolken regnen sich allmählich aus. Deshalb nehmen die Niederschläge nach Osten ab.

Mit zunehmender Entfernung vom Ozean vergrößert sich der Temperaturgegensatz zwischen Sommer und Winter. Nach Osten wird das Klima nicht nur trockener, die Sommer werden wärmer und die Winter kälter.

In der gemäßigten Klimazone reichen Wärme und Niederschläge zur Ausbildung einer Waldvegetation aus. Im Südosten Europas können im trockenen Landklima nur die Gräser und Kräuter der Steppe wachsen.

Von Norden nach Süden Europas ändert sich das Klima ebenfalls.

In Nordeuropa steht die Sonne flacher am Himmel als in Südeuropa, deshalb ist es kälter. Entsprechend unterschiedliche Pflanzen gedeihen.

höchste Temperatur	
Kilkenny	27 °C
Samara	39 °C
Östersund	34 °C
Catania	44 °C
Berlin	38 °C

tiefste Temperatur	
Kilkenny	−12 °C
Samara	−43 °C
Östersund	−34 °C
Catania	−1 °C
Berlin	−22 °C

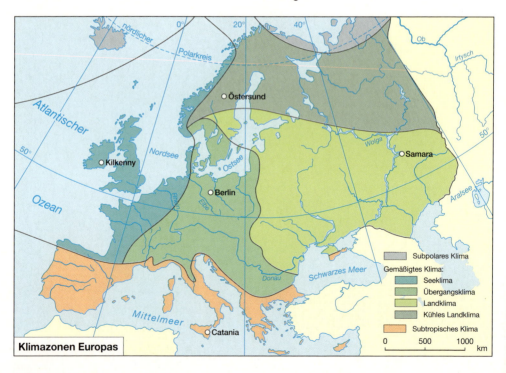

Klimazonen Europas

Seeklima: kühle Sommer, milde Winter, geringe Temperaturschwankung zwischen Sommer und Winter, das ganze Jahr über viel Niederschlag

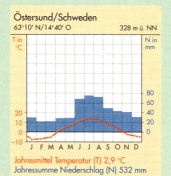

Landklima: warme Sommer, kalte Winter, große Temperaturschwankung zwischen Sommer und Winter, das ganze Jahr über mäßiger Niederschlag.

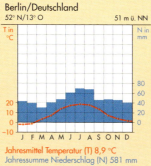

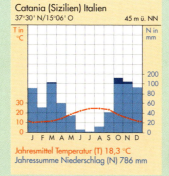

Das Wasser braucht zu seiner Erwärmung viel Sonnenstrahlung. Es durchmischt sich und „schluckt" die Sonnenwärme. Das Meer ist ein guter Wärmespeicher.

Bei Sonnenstrahlung erhitzt sich das Land schnell und stark, aber nicht tief. Im Winter kühlt das Land ebenso rasch aus. Das Land ist kein guter Wärmespeicher.

① Suche die Klimastationen in der physischen Karte Europas (Atlas) und beschreibe ihre Lage in Europa.

② Werte die Klimadiagramme nacheinander aus.

③ Ermittle Unterschiede des Klimas zwischen Westeuropa und Osteuropa sowie zwischen Nordeuropa und Südeuropa. Beachte die Temperaturschwankung zwischen Sommer und Winter und die Niederschlagshöhe.

④ Erkläre die Unterschiede bei der Erwärmung von Wasser und Land. Benutze auch die Wendung „Das Meer schluckt Sonnenstrahlen" und den Begriff „Wärmespeicher".

Vegetationszonen in Europa

Der natürliche Pflanzenwuchs ist außer vom Boden besonders vom Klima abhängig, denn Pflanzen benötigen zum Wachsen Nährelemente, Wasser, Wärme und Licht. Gebiete, die infolge ähnlichen Klimas einen ähnlichen Pflanzenwuchs (Vegetation) tragen, heißen Vegetationszonen. In Europa sind drei klimabedingte Vegetationszonen zu erkennen: die Tundra, die Steppenzone und die Waldzone, die sich in den Nadelwald und den Laub- und Mischwald sowie den Hartlaubwald aufteilt.

Die ursprüngliche Vegetation Europas ist vom Menschen sehr stark verändert worden. Die Wälder, die in Südeuropa bis zum Altertum, in West- und Mitteleuropa bis zum Mittelalter die Landschaften prägten, wurden größtenteils gerodet.

Überall musste der Wald wie auch Moore und Sümpfe weichen, um Raum für den Anbau von Kulturpflanzen zur Ernährung der Menschen und zur Anlage von Siedlungen, Verkehrswegen und Industriebetrieben zu schaffen. Kein anderer Erdteil ist in einem solchen Maße in Kulturlandschaften umgewandelt worden wie Europa. Besonders wertvolle Naturräume werden deshalb heute in vielen Ländern durch Schutzmaßnahmen vor Eingriffen des Menschen bewahrt.

Wachstumsbedingungen
Die Pflanzen unterscheiden sich nach ihrem Wärmebedürfnis und dem Wasserverbrauch. Pflanzen mit hohen Wärmeansprüchen wachsen in der tropischen und subtropischen Klimazone. In der gemäßigten und in der polaren Klimazone wachsen nur solche Pflanzen, die längere Frostabschnitte durchhalten. Außerdem gibt es Pflanzen, die Trockenzeiten überdauern.

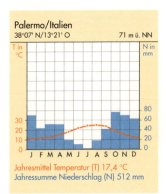

Palermo/Italien
38°07′ N/13°21′ O   71 m ü. NN
Jahresmittel Temperatur (T) 17,4 °C
Jahressumme Niederschlag (N) 512 mm

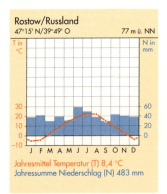

Rostow/Russland
47°15′ N/39°49′ O   77 m ü. NN
Jahresmittel Temperatur (T) 8,4 °C
Jahressumme Niederschlag (N) 483 mm

Hartlaubwald. Immergrüner Laubmischwald von lichtem Wuchs, lederartige Blätter mit Wachsauflagen (Hartlaub) und dicke Borke schützen vor Verdunstung.

Steppe. Baumloses Grasland aus sommergrünen Gräsern und Stauden, Wachstumszeit vor allem im Frühjahr und Frühsommer.

Laub- und Mischwald. Sommergrüner Laubwald, als Mischwald mit Nadelbäumen durchsetzt, mit zahlreichen Sträuchern und einer Krautschicht aus Gräsern, Stauden, Moosen.

Bremen/Deutschland
37°58' N/23°43' O   4 m ü. NN
Jahresmittel Temperatur (T) 9,0 °C
Jahressumme Niederschlag (N) 715 mm

Nadelwald. Immergrüner Nadelwald von lichtem Wuchs, Licht- und Wärmemangel hemmen den Wuchs und begrenzen die Zahl der Pflanzenarten.

Kuopio/Finnland
62°54' N/27°41' O   110 m ü. NN
Jahresmittel Temperatur (T) 2,6 °C
Jahressumme Niederschlag (N) 498 mm

Tundra. Baumlose Kältesteppe aus Zwergsträuchern, Gräsern, Moosen, Flechten. Pflanzen mit geringem Wärmeanspruch und kurzer Wachstumszeit.

Vardø/Norwegen
70°22' N/31°06' O   10 m ü. NN
Jahresmittel Temperatur (T) 1,6 °C
Jahressumme Niederschlag (N) 544 mm

① Unterscheide die Wuchsformen von Pflanzen. Benutze die Begriffe: holzige Pflanzen (Bäume, Sträucher), Kräuter, Gräser, Flechten, Moose.

② Stelle in einer Tabelle wesentliche Merkmale der Vegetation in der Tundra, in den Waldzonen des Nadelwaldes, des Mischwaldes, des Hartlaubwaldes und der Steppe zusammen. Beachte die Höhe und die Dichte des Wuchses.

③ Beschreibe anhand der Klimadiagramme die Klimate der Vegetationszonen in Europa.

④ Stelle Beziehungen zwischen Klima und Vegetation im Pfeildiagramm dar.

Was weißt du über die Staaten Europas?

① Ordne die europäischen Staaten nach ihrer Lage in Nord-, West-, Mittel-, Süd-, Südost- und Osteuropa ein.

② Ordne die Staaten den Großräumen in Europa zu.
N RUS SK AL IRL IS D A P F FIN CH

③ Ordne die Staaten Europas in einer Tabelle nach Flächengröße und Einwohnerzahl (S. 23, 38, 62, 86, 98, 111, 128).

④ Ordne die Staaten Europas nach:
   a) Inselstaaten,
   b) Binnenstaaten,
   c) Staaten, die durch die Donau verbunden sind,
   d) Staaten, die an Meeresengen liegen.

⑤ Schreibe die Namen der Kontinente und Ozeane auf (Karte unten, 1 bis 10) und ordne die Kontinente und Ozeane nach der Flächengröße.

⑥ Beschreibe die topografische Lage Europas auf der Erde. Benutzte die Begriffe Südhalbkugel, Nordhalbkugel, Entfernungen und die Wendungen „Zugang zu den Ozeanen", „Landverbindungen zu Kontinenten".

⑦ Beurteile die topografische Lage Europas hinsichtlich der Land- und Seeverbindungen zu anderen Gebieten der Erde.

⑧ Das umgedrehte Kreuzworträtsel
Suche zu jedem Begriff (1 bis 10) die dazu passende Frage. Schreibe die Fragen auf und vergleiche dein Ergebnis mit deinen Mitschülerinnen und Mitschülern.

   1. Finnland   6. Norwegen
   2. Madrid   7. Berlin
   3. Tirana   8. Irland
   4. Wien   9. Schweiz
   5. Stockholm   10. Athen

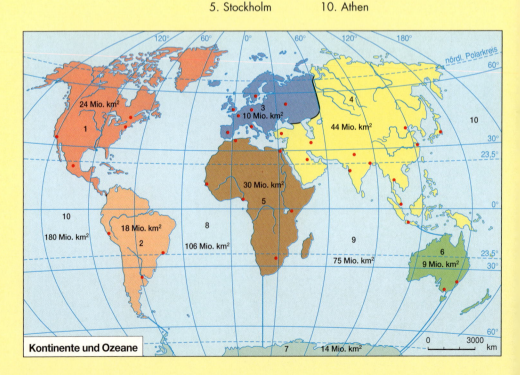

Kontinente und Ozeane

Nordeuropa

Die Oberfläche

Unser Schiff nähert sich der norwegischen Küste. Jetzt tauchen die Berge des Skandinavischen Gebirges auf. Langsam gleiten wir zwischen den großen und kleinen Inseln, den Schären, hindurch. Teils reichen die zumeist gerundeten Felsbuckel nur etwas über das Wasser, teils ragen sie hoch auf. Wie ein Tor öffnet sich die Einfahrt zum Sognefjord. Steil fallen die Felswände ins Wasser ab. Mächtige Wasserfälle stürzen zu Tal. Sie kommen aus den Schnee- und Eisfeldern des Fjells. Am Ufer wurde noch keine Straße angelegt. Wo Flüsse seit Jahrhunderten Geröll und Sand ablagern, haben sich Schwemmkegel gebildet. Sie geben Raum für kleine Siedlungen.
Nach fünfstündiger Fahrt endet der unheimlich tiefe Meeresarm. Der gewaltige Eindruck der Bergschlucht dauert an. In vielen Kehren windet sich die Straße zum öden und rauhen Fjell hinauf. Die mächtigen Gesteinsblöcke und der felsige Boden zeigen Schrammen und Risse. Die bucklige und kahle Hochfläche wirkt wie abgehobelt. In der Ferne leuchten die Schnee- und Eisfelder des Jostedalsbre. Wie ein riesiger, nach allen Seiten auslaufender Brei bedeckt er fast 1 000 km² Fläche. Bre heißt in Norwegen Gletscher.

Nordeuropa wird durch den Atlantischen Ozean sowie durch die Nord- und die Ostsee in Inseln und Halbinseln gegliedert. Mitten im nördlichen Atlantik liegt Island. Tausende kleiner Inseln säumen die Küsten der Skandinavischen Halbinsel. Sie ist die größte Halbinsel in Nordeuropa. Auf ihr erstreckt sich das Skandinavische Gebirge von Norden nach Süden.

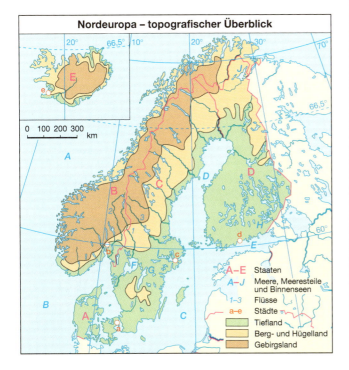

Land	Fläche (in km²)	Welt-rang
IS	103 000	104.
N	324 000	66.
S	450 000	55.
FIN	338 000	63.
DK	43 077	130.

Land	Einwohner (in 1 000)	Welt-rang
IS	269	167.
N	4 300	113.
S	8 800	77.
FIN	5 100	103.
DK	5 200	100.

Land	Bev.-Dichte (Einw./km²)	Welt-rang
IS	3	184.
N	13	158.
S	21	147.
FIN	16	156.
DK	120	56.

Zahlenangaben 1995

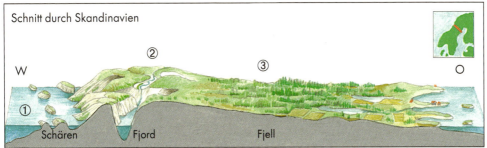

Schnitt durch Skandinavien

① Verfolge den Reiseweg (S.22) auf einer Atlaskarte.
② Beschreibe die Oberflächenformen der Schären, der Fjorde und des Fjells.
③ Vergleiche die Länge einiger Fjorde mit Entfernungen in deinem Heimatgebiet.
④ Kennzeichne die topografische Lage Nordeuropas.

1 Schären
2 Fjord
3 Fjell

23

Beleuchtung, Temperaturen und Vegetation

Die Jahreszeiten sind uns vertraut. Wir freuen uns, wenn der Winter zu Ende ist. Die Tage werden länger und die Sonne steht höher am Himmel. In den Polargebieten steht die Sonne im Sommer nur wenig über dem Horizont und geht auch nachts nicht unter. Am Nordpol ist die Sonne ein halbes Jahr lang Tag und Nacht sichtbar, am Nordkap 65 Tage und am Polarkreis 1 Tag. Im übrigen Nordeuropa geht sie im Sommer nur für kurze Zeit unter. Deshalb bleiben die Nächte um die Sommersonnenwende am 21. Juni hell.

Die Stellung der Erdachse erklärt die Entstehung der Jahreszeiten, der Polarnacht und des Polartags. Die Drehachse der Erde steht nicht senkrecht, wie es auch der Globus zeigt. Die Neigung behält die Erdachse stets bei, wenn sich die Erde während eines Jahres einmal um die Sonne bewegt. Stünde die Erdachse senkrecht, gäbe es keine Jahreszeiten auf der Erde. Überall wäre der Tag 12 Stunden lang.

Die Vegetation verändert sich nach Norden, weil die Sommer kürzer, die Winter dagegen dunkler, länger und kälter werden. Deshalb schließen sich an den Laubmischwald der Nadelwald und schließlich die Tundra an.

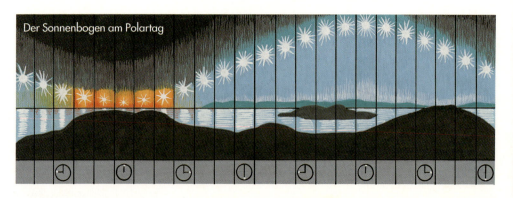

Der Sonnenbogen am Polartag

Das Ende der Polarnacht.

In Hammerfest können es nicht nur die Kinder kaum erwarten, dass nach der langen Polarnacht endlich die Sonne wieder scheint. Sehnsüchtig schauen sie um 12 Uhr zum Horizont im Süden. Der erste Sonnenstrahl wird mit großem Jubel begrüßt. Stell dir vor, du lebst über zwei Monate im Dunkeln, du isst zu Mittag im Dunkeln und spielst tagsüber draußen im Dunkeln.

Beleuchtung der Erde

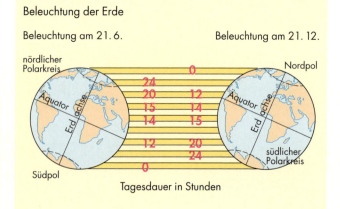

Tagesdauer in Stunden

1

Flüsse	km
Klarälv	720
Glomma	587
Dalälv	520

Seen	km²
Vänersee	5 846
Vättersee	1 899
Saimasee	1 460
Mälarsee	1 140

Zum Vergleich:
Elbe   1 165 km
Müritz   110 km²

2

Inlandeis bildete in der Eiszeit einen bis 3 500 m dicken Eispanzer. Von hier aus quoll das Eis nach Süden und Osten. Dabei schürfte es vom Skandinavischen Gebirge Gestein ab. Fjell, Schären und Fjorde sind Abtragungslandschaften des Eises. Den abgetragenen Gesteinsschutt transportierte das Eis in das Norddeutsche, Polnische und Osteuropäische Tiefland. Hier entstanden die Ablagerungslandschaften der Grundmoränen, Endmoränen und Sander. Während der Eispanzer gegen Ende der Eiszeit abschmolz, stieg der Meeresspiegel des Atlantik um rund 100 m. Dadurch entstanden die Schären und Fjorde.

① Beschreibe anhand der Bilder und einer geeigneten Atlaskarte Unterschiede in der Vegetation und in der Bodennutzung zwischen Lappland und Südfinnland.

② Ermittle anhand von Atlaskarten die Veränderungen der Temperaturen von Lappland nach Südfinnland.

1 In Lappland
2 Im Süden Finnlands

Tradition und Gegenwart

Vor nicht allzu langer Zeit waren die Samen noch Nomaden. Als Wanderhirten folgten sie den halbwilden Rentieren auf die Weideplätze. Die Familien wohnten in Zelten und ernährten sich vorwiegend von frischem und getrocknetem Rentierfleisch. Heute sind die Rentierzüchter mit Schneemobilen und Funkgeräten ausgerüstet. Oft wandern die Rentiere nicht mehr, sondern werden mit Lastwagen auf ihre Weideplätze gebracht. Viel Weideland ist durch neue Straßen und Stauseen verloren gegangen und immer weniger Samen wollen das harte Nomadenleben auf sich nehmen. Die meisten von ihnen sind sesshaft geworden. Die Siedlungen haben einen Supermarkt, eine Schule und oft auch eine Disko. Die farbenfrohen Trachten von früher werden meist nur noch den Touristen vorgeführt. Andenkenverkäufer bieten Holzschnitzereien, Silberschmuck und Jacken aus Rentierfell an. Viele Männer arbeiten als Holzfäller oder Straßenarbeiter.

Samen

So nennen sich die ‚Sumpfleute' (Samek, Samen) selbst. Die Bezeichnung Lappen stammt aus dem Finnischen und gibt Lappland (Land der Lappen) seinen Namen. Die ungefähr 40 000 Samen Nordskandinaviens haben eine eigene Sprache, die mit dem Finnischen verwandt ist. Ein Viertel von ihrem Wortschatz hat mit der Rentierhaltung zu tun.

Ein Same taucht auf Skiern auf. Hinter ihm folgt ein Rentier. Es ist ein Leittier. Dann kommt eine riesengroße Herde, dicht gedrängt wie Schafe. Die Geweihe der Rentiere bilden einen richtigen Wald. Gut tausend Tiere traben vorbei. Auf dem weiß glitzernden Schnee hebt sich ihr Fell wie eine graue Masse ab. Einige Rentiere wollen an den Zwergbirken stehen bleiben, aber die Hunde treiben das Rudel weiter.

1

Lebensraum der Samen

Tundra. In der Tundra wachsen Moose, Flechten und niedrige Sträucher. Der Boden ist oft sumpfig. Bäume gedeihen nicht.

Taiga. Gebiet des Nadelwaldes. Der Wald setzt sich aus immergrünen Nadelbäumen (Kiefern, Fichten) sowie Lärchen und Birken zusammen. Die Bäume wachsen wegen der Kälte nur langsam. Eine Fichte benötigt in Finnland 120 Jahre, bis sie ausgewachsen ist, in Deutschland 60 Jahre.

Rentiere. Die Rentiere, eine Hirschart, sind den Umweltbedingungen angepasst: Sie haben breite Hufe und können die Zehen spreizen. Die Nebenhufe berühren den Erdboden und tragen das Tier mit. So wird ein Einsinken in Schnee oder Morast verhindert. Die männlichen und weiblichen Tiere tragen ein Geweih. Sie sind genügsam und suchen sich ihr Futter selbst, im Winter auch unter dem Schnee. Sie ernähren sich von Moosen, Flechten, Gräsern und Holzpflanzen.

Sommerweide. Futterpflanzen sind Gras, Kräuter, Moos, Flechten, Laub. Im Sommer ist es kühl und windig, im Winter sehr kalt. Die Futterpflanzen sind unter hoher und gefrorener Schneedecke nicht zugänglich.

Winterweide. In tieferen, bewaldeten Lagen; Flechten und Moose sind unter der Schneedecke weich und saftig, auch Baumrinde dient als Nahrung. Im Sommer: warm, Flechten sind trocken und ungenießbar. Die Ungezieferplage ist stark.

① Berichte über die Lebensweise der Samen früher und heute.

② Warum müssen die Rentierherden im Frühjahr und Herbst große Wanderungen unternehmen?

③ Wie haben sich die Rentiere an die Umwelt angepasst?

1 Rentierherde in Nordschweden
2 Eine Samenfamilie um 1920
3 Samen mit Rentieren heute

Holz aus Finnland und Schweden

Die Holzgewinnung und Holzverarbeitung zählen in Schweden und besonders in Finnland zu den wichtigsten Wirtschaftszweigen. Beide Länder verfügen in der Nadelwaldzone über große Holzvorräte. Aus den Wäldern werden vor allem Kiefern und Fichten geschlagen. Die langen und kalten Winter lassen die Bäume nur langsam wachsen. Das führt zu einer guten Holzqualität. Das Holz wird in Sägewerken sowie in verschiedenen Industriezweigen zu vielfältigen Produkten weiter verarbeitet.

Durch Forstwirtschaft soll künftig eine Übernutzung der Urwälder vermieden werden. Man legt Baumschulen an, forstet auf, entwässert Sümpfe, bepflanzt von Bauern aufgelassenes Ackerland. Computer werten Luftbilder aus und geben an, welche Flächen schlagreif sind. Insgesamt wird eine nachhaltige Nutzung angestrebt.

Umweltschäden ergeben sich aus der Holzverarbeitung und aus dem sauren Regen. Zellulose-, Papier- und Chemieindustrie leiten giftige Abwässer in die Gewässer. Das führte zum Absterben des Lebens in den meisten Seen. Der saure Regen fördert diesen Vorgang und beeinträchtigt das Wachstum der Bäume.

Holzernte um 1940

Die Holzfäller fahren schon im Oktober in die zum Schlag bestimmten Waldungen. Sie arbeiten mit Äxten, schälen die meisten Stämme und schleppen sie mit Pferden an die mitten durch den dichten Wald geschlagenen Abfuhrwege. Pferdefuhrwerke bringen die langen Stämme und das Meterholz an die Flüsse. Hier wird es auf dem Eis gestapelt. Wenn im April die Eisdecke aufbricht, schwimmt das Holz zu Tale. Es staut sich oft vor den Stromschnellen und muss dann in gefährlicher Arbeit wieder gelöst werden. An ruhigen und breiten Flussstrecken werden die Holzmassen nach dem eingeschlagenen Kerbzeichen der Besitzer sortiert.

Holzwirtschaft in Finnland

Zusammensetzung des Waldes
Kiefern die Hälfte
Fichten ein Drittel
Birken ein Zehntel

Waldbesitz
private Eigentümer 2/3
Staat, Gemeinden 1/3

Holzbestand und Wachstum
gesamte Waldfläche 210 000 km²
gesamter Holzvorrat 1 500 Mio. m³
Zuwachs im Jahr 56 Mio. m³
Holzeinschlag pro Jahr etwa 44 Mio. m³

Vegetation in Nordeuropa

Holz – ein vielseitiger Rohstoff

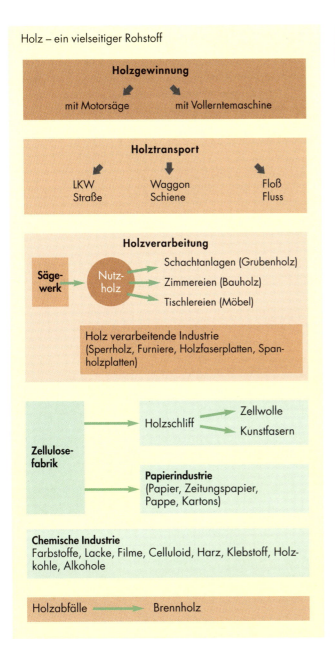

Wie das Holz der Nadelbäume verwendet wird

Fichte: als Brenn- und Grubenholz, für Masten, Papierherstellung

Kiefer: als Brennholz und Bauholz, für die Papierindustrie, für Möbel

Tanne: als Brennholz und Bauholz, für die Möbelherstellung

Lärche: als Bauholz und für Möbel

① Beschreibe anhand des Textes (S. 28) die Art der Holzgewinnung und den Holztransport vor 60 Jahren.
② Vergleiche den Holztransport früher und heute.
③ Erläutere die Standortverteilung der Holz- und Papierindustrie in Nordeuropa.
④ Warum gehören Finnland, Schweden, Russland, die USA und Kanada zu den bedeutendsten Holzproduzenten?
⑤ Was versteht man unter „nachhaltiger Nutzung" des Waldes?

Der Golfstrom

Der Golfstrom hat seinen Namen nach dem Golf von Mexiko erhalten. Er strömt von Mittelamerika in einer Breite von 75 km in Richtung Nordeuropa. 55 Mio. km³ Meerwasser fließen in der Sekunde in den Atlantischen Ozean. Das ist 50-mal mehr, als alle Flüsse der Erde dem Weltmeer zuführen. Der Strom folgt der nordamerikanischen Ostküste bis Neufundland. Westwinde treiben ihn dann über den Atlantik. Als Nordatlantischer Strom erreicht er die Küsten der Britischen Inseln und Norwegens. Schließlich taucht er unter das kalte Wasser des Nordpolarmeeres. Das salzhaltige Wasser des Golfstroms ist trotz höherer Temperatur schwerer als das salzärmere Polarwasser. Vom Golf von Mexiko bis zum Nordpolarmeer misst der Strom 15 000 km. Seine Tiefe beträgt aber nur rund 150 m.

Der Golfstrom transportiert Wärme aus den Tropen bis in die Polargebiete Nordeuropas. Selbst im Winter sinkt die Oberflächentemperatur des Wassers an der norwegischen Küste nicht unter 5 °C. Eisberge können niemals das Nordkap erreichen. Der russische Hafen Murmansk bleibt eisfrei.

Außerdem erwärmt das Wasser die Luft. Westwinde führen die warme Luft über die Britischen Inseln nach Mitteleuropa und nach Norwegen. Im Süden Norwegens und Schwedens ist sogar noch Obstbau möglich. Felder mit Gerste, Hafer und Kartoffeln trifft man in geschützten Lagen der Fjorde noch nördlich des Polarkreises.

Hammerfest,
7 600 Einwohner,
nördlichste Stadt Europas,
ganzjährig eisfreier Hafen.

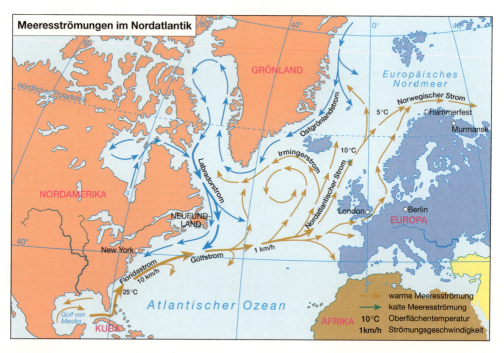

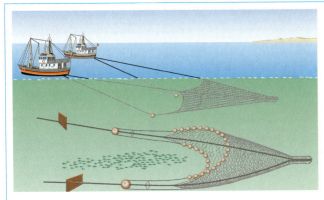

Schleppnetze (engl. Trawl) Trawler ziehen das Schleppnetz durch das freie Wasser. Diese Art ist bei der Heringsfischerei sehr ergiebig.
Das Grundnetz ist vorn offen und endet in einem engmaschigen Beutel. Es wird besonders für den Fang von Kabeljau, Plattfischen und Schellfisch eingesetzt.

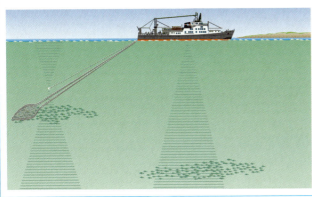

Orten der Fische mit dem Echolot Vom Schiffsboden werden Schallwellen ausgesandt. Der Meeresboden wirft die Schallwellen zurück und diese werden an Bord aufgezeichnet. Trifft das Echolot einen Fischschwarm, wirft dieser auch ein „Echo" zurück. Das Schleppnetz hat am Eingang eine Sonde, eine Art Fühler. Die Sonde zeigt die Tiefe des Netzes und des Fischschwarms an.

Die Gefahr der Überfischung. Durch die Verbesserung der Fischfangschiffe, bessere und größere Fangnetze und den Einsatz des Echolots zur Erkundung von Fischschwärmen wurde immer mehr Fisch gefangen. Sogar die kleinen Jungfische wurden gefangen und zu Fischmehl verarbeitet. Dadurch gingen in den 60er- und 70er-Jahren die Fischbestände stark zurück. Durch die Festlegung von Höchstgrenzen für die Fangmengen und bei jeder Fischart sollen die Fischbestände gesichert werden. Nur durch strenge Kontrollen ist diese Sicherung möglich. Eine neue Form des Fischfangs findet besonders an der buchtenreichen Küste Norwegens immer stärkere Verbreitung – „fish-farming". In großen Netzkäfigen werden besonders wertvolle Fische wie Lachse und Forellen aufgezogen und gemästet.

Aquakultur: hier Aufzucht von Fischen in Fjorden. Die Fische werden in Schwimmkäfigen gehalten.
Vorteil: Das tiefe Wasser ist sauber und weniger salzhaltig. Die Temperaturen sind ausgeglichener als im offenen Meer.
Nachteil: Die Ausscheidungen der Fische verschmutzen das Wasser und können Krankheiten verursachen.

① Beschreibe anhand der Karte den Verlauf des Golfstroms. Berücksichtige auch Geschwindigkeiten und Temperaturen.

② Der Golfstrom wird als „Warmwasserheizung" West-, Nordwest-, Mittel- und Osteuropas bezeichnet. Begründe diese Umschreibung.

③ Beschreibe die Fangweise mit Schleppnetz und Grundnetz.

Erdöl und Erdgas aus der Nordsee

Unter der Nordsee lagern reiche Vorkommen an Erdöl und Erdgas. 1959 wurde das erste Vorkommen entdeckt. Die bedeutendsten Lagerstätten gehören zu Großbritannien und zu Norwegen. Die Verarbeitung von Erdöl in Raffinerien und der Bau von Versorgungsschiffen und Bohrinseln trugen zur Verbesserung der wirtschaftlichen Lage Norwegens bei. Stavanger wuchs zur viertgrößten Stadt Norwegens.

Auf einer Bohrinsel. Nach eineinhalb Stunden Flug erreichen wir eine der Bohrinseln im Ölfeld Ekofisk. Von oben sieht das bedrohliche Ungetüm wie eine Riesenspinne aus. Ich springe vom Hubschrauber auf das Landedeck. Dicht hinter mir schäumen in 40 m Tiefe die Brecher. Im Winter gibt es hier Stürme mit Windgeschwindigkeiten bis zu 240 km/h und Wellen, die 30 Meter hoch sind. Heute fegen eiskalte Regenböen über das Deck.
Auf dem schlammverschmierten Deck rennen Männer um eine rotierende Stange herum. Ihre Gesichter unter den Schutzhelmen sind völlig verdreckt. Wegen des Krachs der Dieselmotoren verständigen sie sich nur mit Handzeichen. Harte Arbeit gibt es genug: mit einer zentnerschweren Zange die neun Meter langen Bohrrohre auseinanderschrauben, über 1200 Meter Bohrgestänge abbauen und im Turm verstauen, den mit Industriediamanten besetzten Meißel einsetzen, die Rohre wieder zusammenschrauben und das Gestänge im Bohrloch hinunterlassen. Trotz aller Sicherheitsmaßnahmen gibt es in der norwegischen Wirtschaft keinen Arbeitsplatz, der so gefährlich ist wie das Ölbohren. Doch die hohen Löhne locken.
52 Männer arbeiten in zwei Schichten zwölf Stunden täglich. Nach sieben Tagen fliegen sie mit dem Helikopter nach Stavanger, um eine Woche lang Landurlaub zu machen. Dann fliegen sie wieder zu ihrer kleinen Stadt, der Bohrinsel. Hier gibt es Werkstätten, ein Kraftwerk, Labors, eine Wetter- und Funkstation, Unterkünfte und Aufenthaltsräume, eine Großküche, eine Krankenstation und ein Freizeitheim.

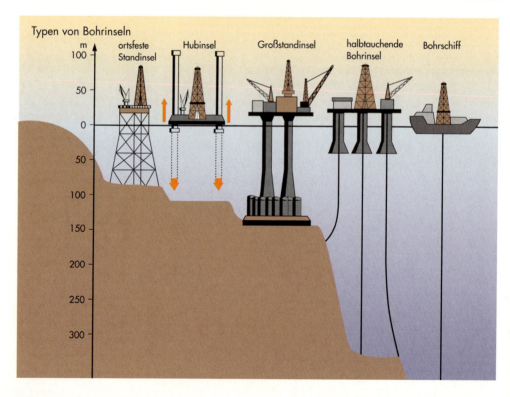

Typen von Bohrinseln: ortsfeste Standinsel, Hubinsel, Großstandinsel, halbtauchende Bohrinsel, Bohrschiff

Die Gefahr der Ölpest in der Nordsee ist ständig gegeben. Mit Sorge verfolgen nicht nur norwegische Fischer die Förderung von Erdöl und Erdgas im Meer.
Das Öl wird zunächst in schwimmende Sammeltanks geleitet. Tanker übernehmen es, oder es gelangt durch Unterwasserpipelines direkt zu den Raffinerien an Land. Lässt sich schon bei normalem Betrieb einer Bohrinsel eine Verschmutzung des Meeres kaum vermeiden, so könnte eine Havarie zu einer Katastrophe führen.
1977 kenterte die „Bravo-Plattform" im Ekofisk. RED ADAIR und seine „Feuersalamander" wurden aus Texas eingeflogen. Sie konnten eine noch größere Verschmutzung des Meeres verhindern.
1980 rissen bis 24 Meter hohe Wellen die Bohrinsel „Alexander Kielland" vom Grund. Alle 123 Mann kamen in der tosenden See um.

Daten einer Förderplattform

Zahl der Pfeiler	4
Zahl der Betonzellen	20
Länge und Breite des Decks	114m x 55 m
Höhe der Plattform	271 m
Gewicht der Plattform	835 000 t
Zahl der Unterkünfte	278
Baukosten umgerechnet	2,5 Md. Euro

① Stelle anhand einer Atlaskarte fest, zu welchen Staaten die Erdöl- und Erdgasfelder in der Nordsee gehören.
② Begründe, warum auf einer Bohrinsel hohe Löhne gezahlt werden.
③ In welcher Weise hat die Förderung von Erdöl und Erdgas die Wirtschaft Norwegens verändert?

1 Bohrinsel in der Nordsee

Island – Insel aus Feuer und Eis

Island – der Name bedeutet „Land aus Eis" – ist vorwiegend ein stark vergletschertes Gebirgsland. Der größte Gletscher, der Vätnajökull, misst 8 300 km². Er ist so groß wie alle anderen Gletscher Europas zusammen. Weite Küstenbereiche werden vom Golfstrom im Winter eisfrei gehalten. So liegen an der fjord- und buchtenreichen Küste 72 Häfen. Der bedeutendste Hafen ist Reykjavik.

Aber nicht nur Eis, sondern auch Feuer gehört zum Bild Islands. Die Insel ist vulkanischen Ursprungs. Von den insgesamt 140 Vulkanen sind noch etwa 30 tätig. Begleiterscheinungen des Vulkanismus sind heiße Quellen und Geysire. Island ist durch die Nutzung der Heißwasserquellen und von Wasserkraft in der Erzeugung von elektrischem Strom, in der Warmwasserversorgung und der Beheizung von Wohnhäusern, Betrieben und Einrichtungen unabhängig von anderen Energiequellen.

Die isländische Wirtschaft hängt vor allem von der Fischerei und der Fisch verarbeitenden Industrie ab. Ihre Produkte haben einen großen Anteil am Export. Etwa ein Viertel der Bevölkerung findet durch den Fischfang ihr Auskommen. Die billige und umweltfreundliche Energie gab Gelegenheit zum Aufbau weiterer Industriezweige.

In der Landwirtschaft wird nahezu ausschließlich Viehhaltung betrieben. Die Geflügel-, Schaf- und Rinderzucht ermöglichen es, dass Island seinen Bedarf an Fleisch und Milchprodukten selbst decken kann. In den durch heiße Quellen beheizten Treibhäusern werden Blumen, Gemüse und Obst angebaut.

Vulkanausbrüche auf Island seit 1900	
Askja	1921 bis 1923, 1926, 1961
Grimsvötn	1934
Geirvörtur	1903
Hekla	1913, 1947/48, 1970
Katla	1910
Eldey	1926
Heimaey	1973, ein großer Teil der Stadt wurde zerstört
Leirhnukur	1975, der Berg wird gespalten

1

Der große Geysir. Diese Springquelle wurde schon vor 650 Jahren erwähnt. Das trichterförmige Becken von 18 m Durchmesser liegt wassergefüllt vor uns. Kleine Dampfbläschen steigen auf. Selbst am Rande hat das Wasser 60 °C. Jetzt sprudelt es in der Mitte auf. Doch noch einmal tritt Stille ein. Unsere Geduld wird weiter erprobt. Plötzlich knallt es dumpf unter uns. Nun wird der Geysir springen. Wir laufen vom Trichter weg, dem Wind entgegen, damit uns der heiße Strahl nicht nachweht. Eine gewaltige Dampfwolke faucht zischend hoch. Dann kommen in kurzen Stößen Wasser- und Dampfstrahlen 20, 30, 40 m hoch. Jeder einzelne Ausbruch dauert nur Sekunden. Jetzt ist wieder Stille geworden. Wir laufen an den Trichter heran und sehen ein gähnendes Loch, vielleicht 3 m im Durchmesser. Das Wasser, das den Trichter füllte, ist verspritzt. Da schießt unvermutet ein gewaltiger Strahl über 60 m in die Höhe. Minutenlang springt die Wassersäule. Ein starkes Rauschen ist in der Luft.

Die Geburt einer Insel. Am frühen Morgen des 14. November 1963 sah der Kapitän eines Fischerbootes vor der Südküste von Island Rauchsäulen aus dem Meer aufsteigen. Er dachte zunächst an einen Schiffsbrand. Bald war aber gewiss, dass der Feuerschein von einem Vulkanausbruch stammte.
Am Nachmittag hatte sich bereits eine 500 m lange Spalte geöffnet. Aus der Spalte quoll Vulkanasche, deren Wolke schon mehrere tausend Meter Höhe erreicht hatte.
Aus der Spalte in der festen Erdkruste quoll Lava. Sie wuchs zu einer Insel empor, die am folgenden Tag über 10 m hoch war und 9 Tage später etwa 100 m aus dem Meer aufragte.
Ende Dezember hatte sie eine Höhe von 140 m erreicht, und immer noch schossen Feuerwolken, dunkle Aschemassen und Dämpfe zum Himmel.
Erst am 5. Juli 1967 kamen die vulkanischen Kräfte zur Ruhe. Damit war die Vulkaninsel Surtsey geboren.

① Erkläre, warum Island „Insel aus Feuer und Eis" genannt wird.

② Ermittle mithilfe des Atlas die topografische Lage der Siedlungen in Island.

③ Beschreibe den Zusammenhang zwischen der topografischen Lage der Siedlungen und den natürlichen Verhältnissen. Beachte die Oberflächengestalt, die Vergletscherung und den Golfstrom.

1 Reykjavik
2 Geysir

Was weißt du über Nordeuropa?

① Schreibe in einer Tabelle die Staaten von Nordeuropa und ihre Hauptstädte auf. Trage zu jedem Land Stichworte zu folgenden Merkmalen ein:
a) Naturreichtümer und deren geografische Lage
b) wichtige Industriestandorte und ihre Hauptwirtschaftszweige
c) Bevölkerungsverteilung

② a) Trage in eine Umrisskarte 3 Landschaftsformen Nordeuropas ein.
b) Wähle zwei Landschaftsformen aus und beschreibe sie nach Oberflächenform, Klima und Vegetation.
c) Erkläre für die beiden Landschaften, auf welche Weise sie entstanden sind.

③ Wähle einen günstigen Reiseweg von Berlin nach Stockholm. Trage ihn mit wichtigen Zwischenstationen in die Umrisskarte ein. Schätze die Fahrzeit.

④ Übertrage das Rätsel auf ein kariertes Blatt (21 Kästchen breit, 23 Kästchen hoch). Finde das Lösungswort (Spalte 10 von oben nach unten gelesen).
Schreibe nicht in das Buch, wenn es dir nicht gehört.

Ein Rätsel

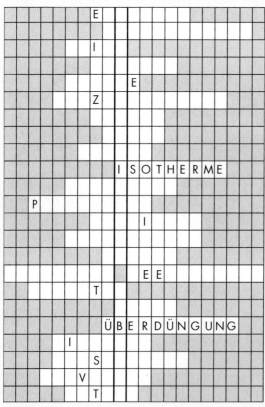

1 Bodenschatz in Skandinavien
2 Begriff für die nordischen Länder
3 Nadelwaldzone
4 Hirschart in Lappland
5 Meeresarme an Norwegens Küste
6 wichtiger Erwerbszweig in Finnland
7 Zone mit Moosen und Flechten
8 für ihre Rentierzucht bekannt
9 eisfreier Erzhafen in Norwegen
10 Linie mit Orten gleicher Temperatur
11 „Warmwasserheizung" für Skandinavien
12 Sonne steigt nicht über den Horizont
13 Bauwerk für Erdölsuche und -förderung
14 Weidegebiet für Rentiere im Juli
15 größte Insel Nordeuropas
16 Name für Gebiet der „1 000 Seen"
17 Die Sonne geht 24 Stunden nicht unter.
18 Energierohstoff in der Nordsee
19 führt zu Algenwachstum in der Ostsee
20 Rohr für Transport von Öl und Gas
21 eine der Säulen des Wohlstands
22 Erdölzentrum (Stadt)
23 Binnenmeer in Nordeuropa

Westeuropa

Räumliche Orientierung

Westeuropa erstreckt sich vom Atlantischen Ozean im Westen und dem Europäischen Nordmeer im Norden bis zum Mittelmeer im Süden. Somit gehören Großbritannien, Irland, Frankreich, Belgien, Luxemburg, die Niederlande und Monaco zu Westeuropa.

Die Britischen Inseln erreichen auf der Hauptinsel in den Schottischen Hochlanden und im Bergland von Wales ihre größten Höhen (Ben Nevis 1 343 m). Der Osten und Südosten Großbritanniens wird von Berg- und Hügelländern eingenommen. Auch auf dem europäischen Festland im westlichen und nördlichen Frankreich ist Hügelland verbreitet. Nach Südosten und Osten schließen sich Mittelgebirge an. Im Süden hat Frankreich Anteil an den Hochgebirgen Pyrenäen und Alpen. Der höchste Berg Europas, der Montblanc, ist 4 807 m hoch. Er liegt in den französischen Alpen. Belgien, die Niederlande und Luxemburg sind ein Teil des Europäischen Tieflandes.

Großbritannien, Frankreich und die Niederlande haben eine lange Tradition als Seefahrernationen. Sie gehörten zu den mächtigen See- und Kolonialmächten, die von Europa aus fast das ganze 19. Jh. viele Länder der Erde beherrschten. Die tief ins Land hinein reichenden trichterförmigen Flussmündungen begünstigten die Anlage von Häfen.

In Großbritannien begann das Industriezeitalter auf der Erde. Großbritannien wurde zum Wegbereiter des Kapitalismus und der Marktwirtschaft.

Land	Fläche (in km^2)	Weltrang
B	30 518	136.
F	551 500	47.
GB	244 100	76.
IRL	70 284	117.
L	2 586	165.
NL	41 864	131.
MC	2	192.

Land	Einwohner (in 1 000)	Weltrang
B	10 080	70.
F	57 300	18.
GB	57 600	17.
IRL	3 500	118.
L	400	160.
NL	15 200	53.
MC	32	187.

Land	Bev.-Dichte (Einw./km^2)	Weltrang
B	328	17.
F	105	64.
GB	236	30.
IRL	50	104.
L	151	46.
NL	363	15.
MC	16 400	1.

1

Rhondda, Rhymney, Sirhowy, Ebbw Valley: Aus diesen Tälern kam die Kohle, die einst die Dampfschiffe der Kriegs- und Handelsflotte antrieb, mit denen Großbritannien sein Empire schuf. In diesen Tälern standen die Stahlwerke, die die Schienen der transkontinentalen Eisenbahnlinien lieferten, die Schienen, mit denen Amerika seinen Wilden Westen erschloss. Aus diesen Tälern kamen die radikalen Arbeiterführer und die berühmten Bergarbeiterchöre und Rugbyspieler, die das Image von Wales prägten ...

Heute werden in den Valleys Möbel, Kleider, Bücher hergestellt. Aber für die arbeitslosen Kumpel waren Zeche und Hochofen nicht nur ein Job, sondern eine Lebensform. Viele blicken verächtlich auf die neue Leichtindustrie: „No dignity in that", eine Arbeit ohne Würde.

(PETER SAGER, in: ADAC Special, 2/1984)

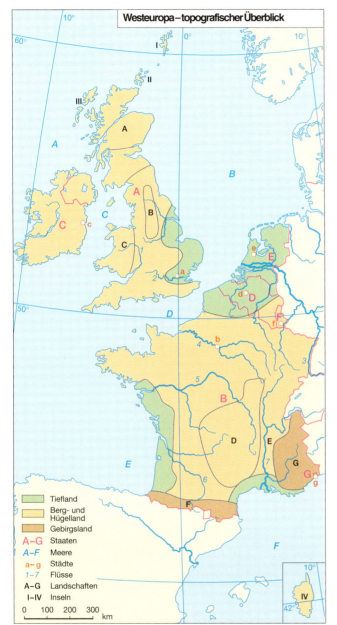

Westeuropa – topografischer Überblick

▭	Tiefland
▭	Berg- und Hügelland
▭	Gebirgsland
A–G	Staaten
A–F	Meere
a–g	Städte
1–7	Flüsse
A–G	Landschaften
I–IV	Inseln

① Ordne die Staaten Westeuropas a) nach der Fläche, b) nach der Zahl der Einwohner, c) nach der Bevölkerungsdichte.
② Kennzeichne die topografische Lage Westeuropas a) innerhalb des Erdteils, b) zu den angrenzenden Meeren, c) zu angrenzenden Staaten.
③ Benenne die topografischen Objekte in der „stummen" Karte S. 39.

1 Bergarbeitersiedlung in Mittelengland
2 Dudelsackpfeifer
3 Weinbau in Frankreich

Seeklima in Westeuropa

Kein anderes Land Europas hat ein so ausgesprochenes Seeklima wie Irland und Großbritannien. Seeklima kennt keine schroffen Gegensätze zwischen den Jahreszeiten und es regnet reichlich. Die Südküste Englands wird bei Torquay und auf der Insel Wight die „englische Riviera" genannt. Hier können sogar Palmen, Lorbeer und Myrten im Freien überwintern. Der Sommer bringt aber so wenig Sonnenschein, dass Weintrauben nicht reifen. Um so besser wächst das Gras. Dichter Rasen bedeckt wie ein grüner Teppich weite Landstriche der Britischen Inseln.

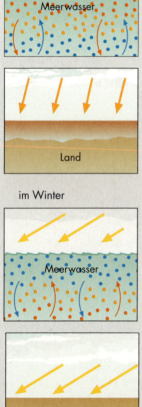

Unterschiedliche Erwärmung von Wasser und Land
im Sommer
im Winter

Die Erwärmung der Luft. Die Sonnenstrahlen durchdringen die Luft, ohne sie zu erwärmen. Erst beim Auftreffen auf die Erdoberfläche entsteht im Wasser oder im Boden Wärme. Das Wasser und der Boden geben die gespeicherte Wärme an die Luft weiter.
Unterschiede in der Erwärmung von Wasser und Boden. Das Wasser braucht zur Erwärmung viel mehr Sonnenstrahlen als der Boden. Deshalb erwärmt sich das Wasser langsam und der Boden schnell. Außerdem durchmischt sich das warme Oberflächenwasser mit dem darunter liegenden kalten Wasser. Somit „schluckt" das Meer große Mengen Sonnenstrahlen. Es ist ein guter Wärmespeicher. Im Winter gibt es langsam die Wärme an die Luft ab.

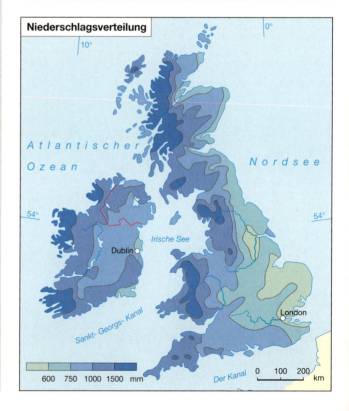

Niederschlagsverteilung

Die „Highlands" sind dünn besiedelt. Die Böden haben eine geringe natürliche Fruchtbarkeit, da die Pflanzennährelemente ausgewaschen werden. Über 90 % der Fläche sind wildes Weideland. Soweit das Land es erlaubt, werden Viehzucht und etwas Ackerbau betrieben. Vor allem Hafer wird angebaut. Die Weideflächen dienen Schafherden zur Grasung.
Große Gebiete sind Jagdgründe von Lords. Im Norden befinden sich etwa 90 % der 5 000 km² großen Grafschaft Sutherland im Besitz des gleichnamigen Herzogs.

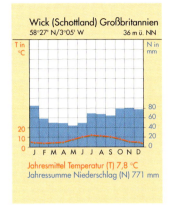

In Ostengland liegen die fruchtbarsten Ackerböden der Britischen Inseln. Nur die Höhen bieten eine dürftige Weide. Hier werden Schafe gehalten.
Aber auch das Ackerland steht im Wechsel mit Grasland und kleinen Laubwaldstücken. Hinter Baumgruppen verstecken sich Weiler und Einzelhöfe sowie Herrenhäuser und kleinere Städte. Zusammen mit sanften Hügelwellen schaffen sie ein Landschaftsbild, das an die norddeutsche Grundmoränenlandschaft erinnert.

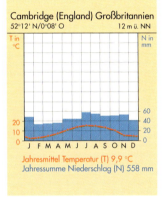

Die Landschaft der unteren Dordogne und Garonne ist ein fruchtbares Gebiet. Es ist eine mäßig besiedelte, aber blühende Garten- und Weinbaulandschaft mit vielen Sonderkulturen und Maisfeldern.
Die Straßen sind von Pappeln und Edelkastanien gesäumt und die vielen Einzelhöfe sind von diesen Bäumen umgeben. Das Hauptanbaugebiet der Bordeauxweine liegt nördlich der Garonne. Hier werden mehr als 30 % der landwirtschaftlichen Nutzfläche von Rebkulturen eingenommen.

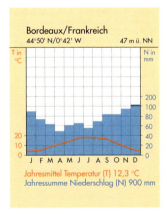

① Suche die Stationen der oben stehenden Klimadiagramme auf einer geeigneten Atlaskarte. Wie verändern sich Temperatur- und Niederschlagswerte in Westeuropa von Norden nach Süden?

② Erkläre die vergleichsweise geringen Temperaturunterschiede zwischen Sommer und Winter in Westeuropa.

Landwirtschaft in Großbritannien

Die britische Landwirtschaft ist leistungsfähig. Sie deckt über zwei Drittel des Nahrungsmittelbedarfs in Großbritannien ab. Im Durchschnitt bewirtschaften Landwirte Betriebe von 90 ha Fläche. Über die Hälfte von ihnen hat Land von Grundbesitzern gepachtet. Es bestehen meist langfristige Pachtverträge. Die Rinder-, Schaf- und Pferdezucht hat in Großbritannien Tradition. Nur ein kleiner Teil der Britischen Inseln bietet für die landwirtschaftliche Nutzung günstiges flaches oder hügeliges Tiefland. Der Südwesten und Süden wird überwiegend durch Weidewirtschaft und Milchviehhaltung und der Südosten und Osten nördlich der Themse durch Ackerbau genutzt. Man spricht deshalb von Grasgrafschaften und Korngrafschaften.

Entwicklung im ländlichen Raum Englands

nach dem Zweiten Weltkrieg — durchgreifende Veränderungen — **in den 70er- und 80er-Jahren**

Ziele britischer Agrarpolitik
- Produktionssteigerung, um Selbstversorgung zu erreichen
- Angleichung der Lebensverhältnisse, der Wohnbedingungen und Bildungsmöglichkeiten im ländlichen Raum an die der Ballungsgebiete
- Landschafts- und Naturschutz sowie Schutz der Architektur des ländlichen Raumes

Auswirkungen britischer Agrarpolitik
- Verdoppelung der Pflanzen- und Tierproduktion
- Steigerung der Selbstversorgung
- Halbierung der Beschäftigtenzahl in der Landwirtschaft
- Rückgang der Anzahl landwirtschaftlicher Betriebe
- Zunahme der Betriebsgröße in der Landwirtschaft
- steigende Einnahmen der landwirtschaftlichen Betriebe
- sozialer Wohnungsbau, neue Schulen und Gemeinschaftshäuser auf dem Lande
- Einrichtung von 11 Nationalparks

Durchgreifende Veränderungen
- Überproduktion in der Landwirtschaft
- sinkende Einkommen der landwirtschaftlichen Betriebe
- Proteste von Umweltschützern gegen Folgen von chemischer Düngung und Intensivtierhaltung
- Bevölkerungszunahme im ländlichen Raum (insbesondere in Südengland) durch Zuwanderung qualifizierter und gut verdienender Arbeitnehmer

Ursachen der Veränderungen
- Preisgarantie und Modernisierungshilfen durch den Staat
- Beitritt zur Europäischen Gemeinschaft bringt Wettbewerb und Nahrungsmittelimporte, besonders Obst und Gemüse
- wachsendes Gesundheitsbewusstsein beeinflusst Ernährungsgewohnheiten: weniger Fleisch und Käse, mehr Obst und Gemüse
- in den Ballungsräumen
  - steigende Kriminalität
  - zunehmender Autoverkehr
  - zunehmende Umweltverschmutzung
- Vorliebe für das Landleben
- Ansiedlung von Leichtindustrie im ländlichen Raum

(nach BERNARD LANE)

Ein Tourist berichtet

Blicken wir im südlichen England von einem Hügel, so sehen wir weder Dörfer noch Felder. Wir glauben zunächst, über einen ausgedehnten Wald hinwegzuschauen. Fahren wir jedoch mit dem Auto durch das Hügelland, so erkennen wir, dass die Bäume und Baumgruppen wie in einem Park weiter auseinander stehen. Dazwischen breiten sich grüne Wiesenflächen aus. Hier weiden Rinder und Pferde. An anderen Stellen wird der Ausblick wieder durch Hecken behindert, die die einzelnen Parzellen voneinander trennen. Bald fahren wir an schmucklosen, aus Backsteinen erbauten Bauernhäusern vorbei, bald an einzelnen Gutshöfen oder vornehmen Landsitzen, die von einem Park mit Ulmen und Kastanien umgeben sind.

Großbritannien
Anteil an den Erwerbstätigen

Flächennutzung

Die Parklandschaft schufen Engländer in Jahrhunderten. Einst bedeckte Laubmischwald das südenglische Hügelland. Vor 400 Jahren begann in England der Flottenbau. Holz wurde zur Herstellung von Holzkohle verwendet und damit verhüttete man Eisenerze. Auf dem gerodeten Land betrieb man Ackerbau. Schafe weideten auf den Hügeln. Als um 1800 in England die Textilindustrie entstand, vergrößerten die Grundbesitzer auf Kosten des Ackerlandes die Schafweiden. Schafwolle war ein wichtiger Rohstoff. Außerdem konnte England aus den Kolonien billig Getreide einführen. Das förderte die Viehhaltung.

① Beschreibe die Entstehung der englischen Parklandschaft. Beachte auch das Klima in Südengland.

② Erläutere die Bezeichnungen Grasgrafschaften und Korngrafschaften. Verwende auch die Karte der Bodennutzung im Atlas.

1 Parklandschaft
2 Castle

London – ein Finanz- und Dienstleistungszentrum

Die City ist heute ein Weltzentrum der Finanzwirtschaft. Hier konzentrieren sich Banken und Versicherungen. Die Aktien- und Wertpapierbörse gehört zu den bedeutendsten der internationalen Wirtschaft. Drei Viertel der großen britischen Wirtschaftsunternehmen wählten ihren Hauptsitz in der Londoner Innenstadt. Zudem suchen Makler, Notare, Rechtsanwälte, Leasingfirmen, Anlagenberater oder Softwarespezialisten die Vorteile des direkten Kontakts zu den Kunden.

Die Weltstadt entwickelte sich im 18. und 19. Jh. London war die Hauptstadt der führenden Seemacht und eines gewaltigen Kolonialreiches. Der Überseehandel brachte großen Wohlstand. Durch den Eisenbahnbau wurden die Industriegebiete Mittelenglands mit dem größten Hafen des Landes verbunden. In den Docklands entstanden Fabriken. London wurde ein bedeutender Industriestandort. In der Millionenstadt bildeten sich weitere Stadtviertel mit besonderen Funktionen heraus. In der Altstadt und im West-End bildete sich die City. Im Gebiet von Inner-London entstanden dicht bebaute Wohnviertel, davon die der Arbeiter im Süden und Osten in der Nachbarschaft der Industrie. Seit den 80er-Jahren wird das East-End saniert. Statt der Hafenindustrie sind dort Bürohochhäuser zur Entlastung der City, aber auch moderne Wohngebäude. Außerhalb liegen die locker bebauten Vorstädte.

Sehenswürdigkeiten in London
British Museum: 1753 gegründet, Nationalmuseum für Archäologie und Ethnologie sowie Nationalbibliothek, größtes seiner Art in der Welt.
Parlamentsgebäude: einst Stadtresidenz der Könige, seit 1547 Sitz des Parlaments, nach Großbrand 1840–88 im neugotischen Stil mit 300 m langer Fassade entlang der Themse errichtet, am Nordende Clock Tower, 97,50 m, Zifferblätter 8 m Durchmesser, Minutenzeiger 4 m lang, Big Ben: 13 t schwere Glocke.
Piccadilly Circus: Platz im Schnittpunkt von fünf Hauptverkehrsstraßen, Zentrum des Nachtlebens, Mittelpunkt ist ein 1893 errichteter Brunnen.
St. Paul's Cathedral: Sitz des anglikanischen Bischofs, gewaltiger Barockbau, 60 m breite Westfassade mit zwei je 64 m hohen Glockentürmen und 111 m hoher Kuppel, 175 m langer Innenraum.
Tower of London: Burg seit dem 11. Jh., im Mittelalter erweitert, später Königspalast, dann Staatsgefängnis und Arsenal.
Tower Bridge: Brücke 70 km oberhalb der Themsemündung. Erst hier war es möglich, eine Brücke zu bauen, denn bis über 100 km Themse aufwärts wirken die Gezeiten.
Trafalgar Square: Platz zur Erinnerung an den Sieg von Admiral NELSON über die spanisch-französische Flotte 1805, 55 m hohe Nelsonsäule in der Platzmitte.
Westminster Abbey: königseigene gotische Kirche. Seit 1066 Krönungskirche der englischen Herrscher.

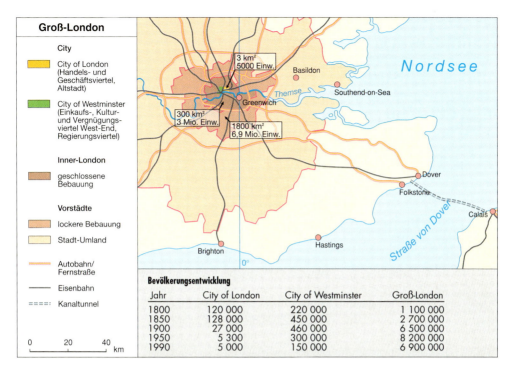

Groß-London

City
- City of London (Handels- und Geschäftsviertel, Altstadt)
- City of Westminster (Einkaufs-, Kultur- und Vergnügungsviertel West-End, Regierungsviertel)

Inner-London
- geschlossene Bebauung

Vorstädte
- lockere Bebauung
- Stadt-Umland

- Autobahn/Fernstraße
- Eisenbahn
- Kanaltunnel

0 20 40 km

Bevölkerungsentwicklung

Jahr	City of London	City of Westminster	Groß-London
1800	120 000	220 000	1 100 000
1850	128 000	450 000	2 700 000
1900	27 000	460 000	6 500 000
1950	5 300	300 000	8 200 000
1990	5 000	150 000	6 900 000

1 Blick über die Themse auf die City von London

① Spielt eine Stadtrundfahrt durch London. Wählt hierfür einen Stadtführer. Benutzt einen Stadtplan und Prospekte aus dem Reisebüro.

② Erläutere die Gliederung Londons in Stadtviertel.

③ Erkläre, warum sich London zur Weltstadt und zum Finanzzentrum entwickelte.

④ Ordne die entsprechenden Textauszüge auf S. 44 den dargestellten Sehenswürdigkeiten zu.

England – das älteste Industrieland der Erde

In den Midlands von England begann das Industriezeitalter. Hier entstand seit dem Anfang des 18. Jahrhunderts die erste und für Jahrzehnte größte Industrielandschaft der Erde. Kennzeichen der industriellen Produktion waren die Fabriken, in deren Hallen in langen Reihen Maschinen aufgestellt wurden. Die Maschinen stellten Güter in großen Mengen für Käufer in aller Welt her. Die Arbeiter bedienten Maschinen im Schichtbetrieb.

Die Textilindustrie, die „Mutter der Industrien", stand am Anfang der Industrialisierung. Britische Erfinder schufen dafür die Voraussetzungen. Einheimische Rohstoffe und Energiequellen förderten die Entwicklung. Zuerst errichtete man die Fabriken in den Tälern der Pennien, wo Wasserkraft zum Antrieb der Spinnmaschinen und Webstühle vorhanden war. Nach der Erfindung der Dampfmaschine baute man die Textilfabriken direkt neben die Kohlebergwerke.

Auf der Ostseite der Pennien wurden Leeds und Bradford Standorte der Schafwollindustrie, auf der Westseite Manchester Standort der Baumwollindustrie. Damals hieß es: „England kleidet die halbe Welt".

Beschäftigte in der Textilindustrie	
1890	2,8 Mio.
1930	0,9 Mio.
1985	2,1 Mio.
1990	2,2 Mio.

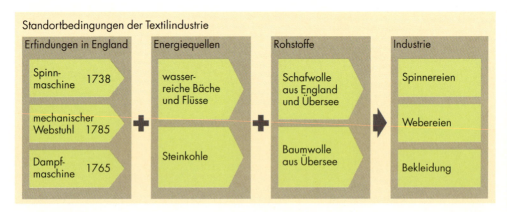

Standortbedingungen der Textilindustrie

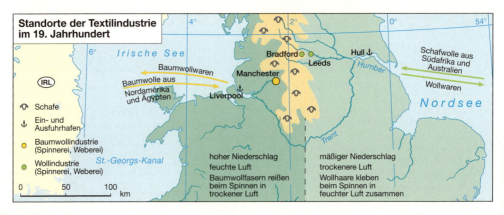

Standorte der Textilindustrie im 19. Jahrhundert

„Black Country" nannten die Engländer das Industriegebiet um Birmingham. Auch im Sommer blieb der Himmel grau und voller Ruß. Niedrige Mietshäuser an engen Straßen zwischen Fabriken, Abraumhalden und Schlackenbergen, so sah es im Ballungsgebiet des „Schwarzen Landes" aus. Selbst Kinder mussten damals oft mehr als 12 Stunden täglich im Bergwerk arbeiten. Es herrschte große Not unter den Bergleuten und Fabrikarbeitern.

Vorkommen verkokbarer Steinkohle lagerten neben Eisenerz. Oft baute man Kohle und Erz in demselben Schacht ab. Die wachsende Nachfrage der aufblühenden Textilindustrie nach Maschinen erforderte eine zunehmende und verbesserte Eisenproduktion. Wiederum brachten die Erfindungen britischer Naturwissenschaftler und Ingenieure den technischen Fortschritt.

Die erste Eisenbahnlinie der Erde verband 1829 Liverpool und Manchester. Eisenbahn- und Schiffsverkehr förderten die Verflechtung von Bergbau, Textilindustrie, Eisenindustrie und Maschinenbau zur Industrielandschaft. England wurde im 19. Jahrhundert zur „Werkstatt der Welt".

Steinkohleförderung	
1850	60 Mio. t
1913	265 Mio. t
1935	225 Mio. t
1975	100 Mio. t
1990	98 Mio. t
1995	51 Mio. t

Beschäftigte im Steinkohlenbergbau	
1850	220 000
1913	1 200 000
1935	770 000
1975	250 000
1990	187 000

Roheisenerzeugung in Mio. t		
	GB	D
1860	3,9	0,5
1913	10,4	16,8
1990	12,7	32,7
1995	12,2	30,0

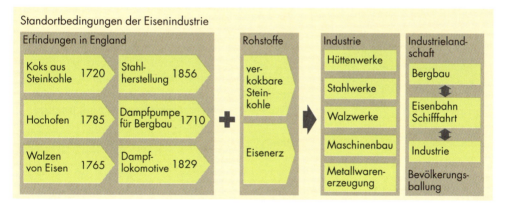

Standortbedingungen der Eisenindustrie

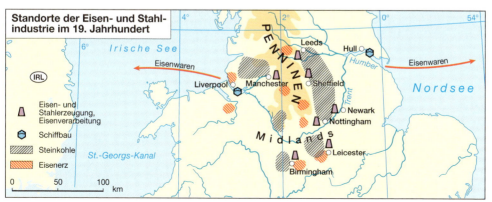

Standorte der Eisen- und Stahlindustrie im 19. Jahrhundert

Wandel der Industriestruktur

Der Niedergang der Textilindustrie setzte nach dem Zweiten Weltkrieg ein. Aus den britischen Kolonien in Afrika und Asien wurden selbstständige Staaten. Damit veränderten sich die Handelsbedingungen. Die englische Textilindustrie konnte aufgrund überalterter Anlagen bald mit den preiswerteren Produkten, z. B. aus Ostasien, nicht mehr konkurrieren. Viele englische Betriebe mussten schließen.

Krisen der Eisen- und Stahlindustrie führten zum grundlegenden Wandel im „Black Country". Als die Erzvorkommen erschöpft waren, wurden neue Hüttenwerke an der Küste errichtet, um Erz aus dem Ausland zu verarbeiten. Die zunehmende Konkurrenz auf dem Weltmarkt löste ein Zechensterben aus.

Der Strukturwandel hat das mittelenglische Industriegebiet stark verändert. Wenige leistungsfähige Bergwerke und einige moderne Hüttenwerke erinnern noch an den altindustrialisierten Raum. Betriebe der Eisen- und Stahl verarbeitenden Industrie wurden modernisiert. Neue Betriebe der Hightechindustrien und der chemischen Industrie kamen hinzu. Mithilfe staatlicher Mittel konnten durch umfangreiche Stadterneuerungen die Wohnverhältnisse in diesem Gebietes verbessert werden.

Erdöl und Erdgas aus der Nordsee. In den 60er-Jahren erbohrten Erdölfirmen im Nordseegebiet umfangreiche Erdöl- und Erdgaslagerstätten. Seetiefen bis zu 300 m und Sturmsituationen erforderten eine aufwendige und neuartige Bohr- und Fördertechnik. Die Ausnutzung der Lagerstätten brachte für Großbritanniens Wirtschaft bedeutenden Aufschwung.

Bohrturm

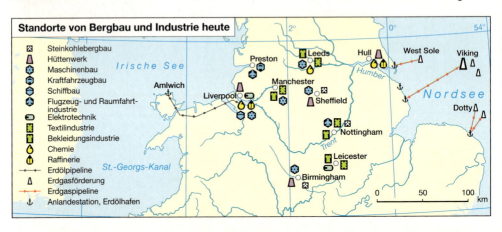

1 Bohrinsel in der Nordsee

① Beschreibe, wie sich Großbritannien zum ersten Industrieland der Erde entwickelte.

② Erläutere den Strukturwandel im mittelenglischen Industriegebiet.

Der Eurotunnel

Seit 1760 beschäftigten sich Ingenieure mit dem Gedanken, zwischen Dover und Calais einen Tunnel zu bauen. Die Verwirklichung scheiterte immer wieder aus politischen, technischen und finanziellen Gründen.

1987 wurde dann doch zwischen Frankreich und Großbritannien ein Vertrag zum Bau des Eurotunnels geschlossen. 1994 konnte der Verkehr aufgenommen werden. Großbritannien war mit dem Festland verbunden. Die Finanzierung des Baus erfolgte über Aktien, die von britischen und französischen Banken an Privatleute verkauft wurden. Widerstand gegen das Projekt leisteten bis zuletzt die Fährgesellschaften, weil sie eine hohe Arbeitslosigkeit in Dover und Calais befürchteten.

Die Tunnelröhren werden von Güter- und Reisezügen befahren. Für den Gütertransport wird das Huckepackverfahren angewendet. Das Be- und Entladen in Coquelles und Folkestone dauert nur eine Viertelstunde, die Fahrzeit beträgt rund 30 Minuten. Bis zu 20 Züge können pro Stunde in jeder Richtung verkehren.

Von der Zunahme des Handels zwischen Großbritannien und Frankreich durch die bequemere Art des Gütertransportes und von den daher entstehenden Industriebetrieben in den Küstenregionen erhofft man sich neue Arbeitsplätze.

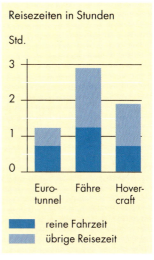

Reisezeiten in Stunden

■ reine Fahrzeit
▨ übrige Reisezeit

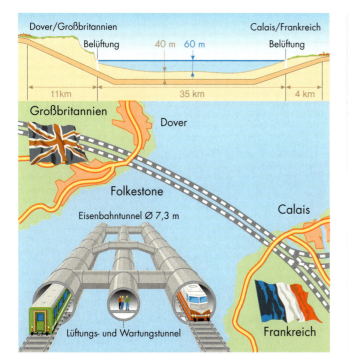

Eisenbahnreisezeiten von London in Stunden		
Zielort	1989	1994
Paris	5,5	2,2
Brüssel	5,0	2,0
Köln	8,0	3,7
Hamburg	13,0	7,2
München	15,0	7,2
Mailand	18,0	7,5
Madrid	23,5	9,9

Arbeitsplätze in den Häfen (ohne Tunnelbauarbeiten)		
Jahr	ohne	mit Eurotunnel
1985	10 910	
1994	12 560	12 600
2003	13 910	13 845

Weltstadt Paris

Einwohner 1995:
Stadt   2,2 Mio.
Großraum   9,3 Mio.
(Berlin, Brandenburg und
Sachsen-Anhalt   8,7 Mio.)
Frankreich   57,3 Mio.

Die Cité, die Seine-Insel im Herzen der französischen Hauptstadt, trug schon vor vielen Jahrhunderten Befestigungsanlagen der Gallier. Später war sie eine wichtige römische Provinzstadt. Als die französischen Könige sie im Mittelalter zur Residenz wählten, wuchs Paris rasch zum Zentrum des Handels und des geistigen Lebens. Wo früher Befestigungswerke die Stadt umgaben, ziehen sich jetzt breite Straßen um den Stadtkern, die Boulevards. Sie verbinden große Plätze, die an den Stellen der alten Stadttore angelegt wurden. Von diesen aus führen strahlenförmig die Avenuen, die baumbestandenen Hauptstraßen, hinaus in die äußeren Stadtbezirke.

1

Ein Bummel durch die Stadt beginnt bei Notrê Dame.
Notrê-Dame: die 1250 vollendete Kathedrale ist die berühmteste Kirche Frankreichs. Hier wurde u. a. NAPOLEON I. 1804 zum Kaiser gekrönt. Die beiden Türme sind unvollendet geblieben.
Louvre: das frühere Stadtschloss der Könige beherbergt das führende Museum Frankreichs und eines der bedeutendsten Museen der Welt.
Tuilerien und „Triumph-Achse": die königlichen Gärten mit ihren Denkmälern und Wasserspielen öffnen nach Westen eine großartige Achse. Sie reicht über den Place de la Concorde mit dem Obelisk von Luxor (13. Jh. v. Chr.) und die Champs-Elysées zum Arc de Triomphe.
Die Achse erinnert an geschichtliche Ereignisse.
Champs-Elysees: 71 m breite und 1,9 km lange Prachtstraße. Hier endet jährlich die Tour de France. Achtspurig flutet der Verkehr. Elegante Läden bieten teure Luxusartikel an.
Eiffelturm: 300 m hoher Turm und touristischer Anziehungspunkt. Das Pariser Wahrzeichen wurde zur Weltausstellung 1889 errichtet. Bis zur Turmspitze führen 1792 Stufen.
Montmartre: Künstler- und Vergnügungsviertel. Über den schmalen, alten Wohngebäuden erhebt sich leuchtend die Kirche Sacré-Coeur.
Sacré-Coeur: durch das weiße Steinmaterial und die mächtige Hauptkuppel unterscheidet sich die Kirche von allen anderen der Stadt.
Quartier Latin: das Gelehrten- und Studentenviertel. Hier steht die berühmte Sorbonne, die Pariser Universität. Unter NAPOLEON I. wurde sie 1808 zur größten Universität Frankreichs ausgebaut. Studentinnen und Studenten aus aller Welt füllen das Viertel mit buntem Leben.
Palais du Luxembourg: eine Schlossanlage aus dem 17. Jh.
Seit 1800 ist das Gebäude Sitz des französischen Senats. Das Palais bildet den nördlichen Abschluss des Jardin du Luxembourg. Der Park ist eine der wenigen Grünanlagen in der Innenstadt von Paris.
Forum de Halles: einst der „Bauch von Paris". Bis 1972 standen hier die eisernen Hallenpavillons, die Markthallen der Metropole.
Heute erstreckt sich anstelle der abgetragenen Markthallen über vier Stockwerke ein Einkaufs- und Freizeitzentrum.

TGV – schnellster Zug der Welt

Am 26. Februar 1981 wurde der neue Hochgeschwindigkeitszug Train à Grande Vitesse getestet. Mit 380 km/h wurde der Geschwindigkeitsweltrekord für Schienenfahrzeuge gebrochen. Seitdem legen täglich 18 Züge die Strecke Paris – Lyon in zwei Stunden zurück.

① Erläutere die besondere Stellung von Paris innerhalb Frankreichs.

② Suche die touristischen Ziele auf einer Atlaskarte und plane eine Stadtbesichtigung.

1 Der Eiffelturm
2 Blick vom Eiffelturm

Vielseitige Landwirtschaft

Camembert und Baguette, Cognac und Champagner, Artischocken und Schinken: Nahrungs- und Genussmittel aus Frankreich bieten auch unsere Lebensmittelmärkte an.

Die französischen Landwirte können wegen der meist guten bis sehr guten Böden und des günstigen Klimas hohe Ernteerträge einbringen. An diesem Ergebnis sind besonders die Landwirtschaftsgebiete des Nordens und Westens beteiligt, wo sich moderne Großbetriebe auf die Erzeugung von Weizen, dem wichtigsten Brotgetreide West- und Südeuropas, Zuckerrüben, Fleisch, Milch und Käse spezialisiert haben. Dagegen ist die Landwirtschaft im Süden und im Zentralmassiv mit ihren vielen Kleinbetrieben weniger leistungsfähig. Im warmen Süden gedeihen auf bewässerten Flächen Sonderkulturen wie Gemüse, Obst, Reis, Blumen, Mandeln und natürlich Wein.

Im Rhônetal stehen Baumreihen und Hecken an den Feldern, um die kälteempfindlichen Pflanzen vor dem Mistral, dem kalten Fallwind aus dem Gebirge, zu schützen.

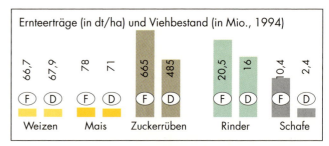

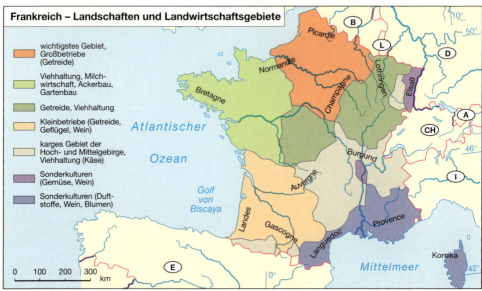

Auf mehr als einer Million Hektar Anbaufläche wächst Wein. Nicht nur an Talhängen der Flüsse Loire, Saône, Rhône, Garonne, sondern er wächst auch im sommertrockenen warmen Süden auf großen ebenen Flächen. Neben beachtlichen Mengen Weintrauben werden jährlich über 52 Mio. Hektoliter Wein produziert (1 hl = 100 Liter). Davon stammt etwa die Hälfte aus Europas ausgedehntestem Weinbaugebiet, dem Languedoc.

Große Weingüter erzeugen hier Tafelwein, der zu den Mahlzeiten getrunken wird. Zusätzlich werden noch preiswerte Weine aus Italien und Algerien eingeführt. Deshalb haben sich schon zahlreiche Kleinbetriebe auf Obst- und Gemüseanbau umgestellt, weil sie gegenüber den billigen Weinimporten nicht mehr konkurrenzfähig waren.

Andererseits werden Weine hoher Qualität exportiert, vor allem in die USA, die Schweiz und die Beneluxländer. Dazu zählen besonders Rotweine aus Burgund sowie Weine aus der Umgebung von Bordeaux, der Champagner, ein Schaumwein aus der Champagne sowie der Cognac, ein Weinbrand, nach der westfranzösischen Stadt Cognac benannt.

Wer erntete 1994 in Europa die meisten Trauben?

Land	Mio. t
Italien	9,4
Frankreich	6,9
Spanien	3,2
Deutschland	1,5
Griechenland	1,4
Rumänien	1,3
Portugal	0,7
Ungarn	0,6

Wer trank 1994 den meisten Wein?

Einwohner	l/Einw./Jahr
Franzosen	65
Italiener	63
Portugiesen	55
Spanier	42
Griechen	26
Deutsche	23

① Wähle drei Anbauzonen aus und beschreibe ihre Lage. Begründe die Hauptbauprodukte.

② Erläutere, warum Frankreichs Landwirtschaft vom Klima begünstigt ist.

③ „Frankreich ist ein Weinland." Überprüfe die Aussage.

④ Besorgt Verpackungsmaterial, Werbeprospekte und Aufkleber von Weinflaschen und ordnet sie Anbaugebieten zu.

1 Weinanbau an der Garonne

Frankreichs Stellung in der Europäischen Union

Frankreich ist der flächengrößte Staat in der Europäischen Union. Nach der Einwohnerzahl steht das Land nach Deutschland, Italien und Großbritannien an vierter Stelle.
Viele Erzeugnisse der französischen Landwirtschaft sind weltbekannt. In der Produktion von Getreide, Hülsenfrüchten, Obst, Rindfleisch und Milch liegt Frankreich an der Spitze innerhalb der Europäischen Union.
Heute gehört Frankreich mit den USA, Kanada, Japan, Deutschland, Großbritannien und Italien zur Gruppe der führenden Industrienationen der Erde (G 7).
In der Luftfahrtindustrie nimmt Frankreich einen führenden Platz in der Weltproduktion ein.
Frankreich ist eine Welthandelsnation und, nach der Warenmenge, bedeutendster Handelspartner Deutschlands.
Die Industrie entwickelte sich in Frankreich entsprechend der Rohstoffe und Energiequellen in den Regionen sehr unterschiedlich. Kohlevorkommen, Eisenerz- und Salzlagerstätten begünstigten die Industrialisierung in Nordfrankreich und in Lothringen. Der große Absatzmarkt in der Hauptstadt Paris führte zur Ansiedlung der Bekleidungsindustrie und der Verbrauchsgüterindustrie.
Die moderne Industrieentwicklung setzte in den 50er-Jahren ein. Erdöl- und Erdgasvorräte sowie Uranerzlagerstätten wurden erkundet, die Einfuhr von Rohstoffen nahm zu. Eine weitere Voraussetzung für die industrielle Entwicklung war die Steigerung der Produktion elektrischen Stroms. Zahlreiche Wasserkraft- und Kernkraftwerke wurden gebaut.

> Wusstest du,
> dass Frankreich
> – das fünftgrößte Industrieland der Erde ist,
> – nach den USA der wichtigste Flugzeughersteller der Welt ist,
> – Raketen und Satelliten für die Raumfahrt baut,
> – die schnellsten Züge der Welt baut,
> – drei Viertel des Strombedarfs aus über 50 Atomkraftwerken bezieht?

Frankreich – Wirtschaftsraum

Brüssel – „heimliche" Hauptstadt Europas

Brüssel hat den schönsten mittelalterlichen Markplatz in Europa, den Grand´Place. So behaupten viele Touristen, die die belgische Hauptstadt besuchen. Die Menschen in Brüssel hören das gern, noch viel stolzer sind sie jedoch auf ein anderes schmückendes Beiwort: Hauptstadt von Europa. Dabei hat Europa gar keine Hauptstadt. Aber hier werden Entscheidungen getroffen, die uns alle angehen: z. B. dass wir frei reisen können, dass Waren frei gehandelt werden können, welchen armen Gebieten in der Europäischen Union geholfen werden muss.

Brüssel wurde zum Hauptsitz der Verwaltungen der Europäischen Union (EU) gewählt. Am Anfang waren die Büros noch über die ganze Stadt verteilt. Erst als 1969 das mächtige kreuzförmige Gebäude fertig war, konnten alle Behörden zentral untergebracht werden. Bald reichte der Platz nicht mehr, weil sich immer mehr Länder der EU anschlossen. So wurden neue Hochhäuser und Büros gebaut.

Heute arbeiten in Brüssel über 16 000 Beamte und Bedienstete für Europa. Mehr als 2 200 von ihnen sind damit beschäftigt, Texte zu übersetzen oder zu dolmetschen.

Jede Region in Europa hat ihre eigenen Interessen. Deshalb haben die Regionen oder Länder Interessenvertretungen in Brüssel. So können sie Entscheidungen für ihre Region leichter beeinflussen als aus der Ferne.

französisch: Bruxelles
flämisch: Brussel
1 Mio. Einw. (1996)

Berühmt: Brüsseler Spitzen
Sie sind schön und allgemein beliebt. Sie beschäftigen das schöne Geschlecht. Ein Teil arbeitet daran aus Zeitvertreib, ein anderer aus Notwendigkeit. Es gibt ebenso viele Manufakturen dieser zarten Ware wie Privathäuser.
(Ein Bericht aus dem 18. Jh. Damals arbeiteten 10 000 Frauen in Brüssel an der Spitzenherstellung.)

① Erläutere, warum Brüssel als heimliche Hauptstadt Europas bezeichnet wird.
② Sammle Zeitungsausschnitte oder Stichpunkte zu Fernseh- bzw. Radionachrichten über Meldungen zum Thema EU.

1 Der sternförmige Bau ist das Verwaltungsgebäude der Europäischen Kommission. Auch das Hochhaus links davon, „Charlemagne" ist ein Gebäude für Tagungen. Im Gebäude vorn treffen sich Vertreter des Europäischen Parlaments, das normalerweise in Straßburg tagt.
2 Ein Wahrzeichen: das Atomium. 165-milliardenfache Vergrößerung eines Eisenatoms für die Weltausstellung 1958, 102 m hoch

Landgewinnung und Hochwasserschutz in den Niederlanden

Niederländer kämpfen seit Jahrhunderten um die Rückgewinnung von „ertrunkenem" Land. Dort wo heute Blumen wachsen und sich Gewächshäuser ausbreiten, erstreckte sich vor 150 Jahren noch das Meer.

Die Trockenlegung der Zuidersee, einer 4 bis 5 m tiefen Meeresbucht, begann 1920. Ein 32 km langer Damm sperrte das Nordseewasser ab. Weite Wasserflächen wurden durch Ringdeiche abgetrennt. Das restliche Wasser hinter dem Damm wurde in dafür vorbereiteten Kanälen eingeleitet.

Als der ehemalige Meeresboden trocken lag, war Neuland entstanden. Nach zehn Jahren konnte von den neuen Feldern die erste Ernte eingebracht werden.

Den Rest der Zuidersee nennen die Niederländer IJsselmeer (sprich: eissel).

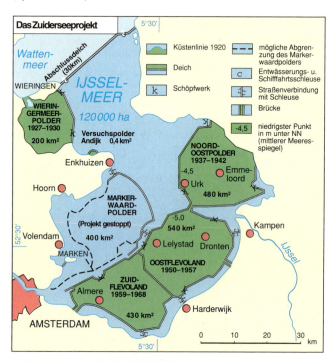

In der Nacht vom 31. Januar auf den 1. Februar 1953 tobt ein Nordweststurm. Die Deiche halten der Sturmflut nicht stand und brechen an hunderten Stellen. Das Salzwasser überschwemmt 2 000 km², eine Fläche zweieinhalbmal so groß wie Berlin. 1 800 Menschen und 50 000 Tiere ertrinken. Häuser, Brücken, Straßen, Bahnlinien und Schleusen sind zerstört. Die Niederländer geben zuerst den Naturgewalten die Schuld, bis sie erkennen, dass sie die Deiche nicht sorgfältig instand gehalten haben. Jetzt handeln sie sofort. So entsteht der Deltaplan. Ein System von Deichen mit Schleusen für die Schifffahrt und Sturmflutwehren soll ähnliche Katastrophen in Zukunft vermeiden. Auch die Oosterschelde sollte zuerst mit einem Deich verschlossen werden. Die Fischer protestierten, weil die Oosterschelde eine der „Kinderstuben" für die Nordseefische ist. Deshalb bauten die Wasserbauingenieure in der Strommitte drei riesige Pfeiler mit Stahltoren, die bei Sturmflut geschlossen werden.

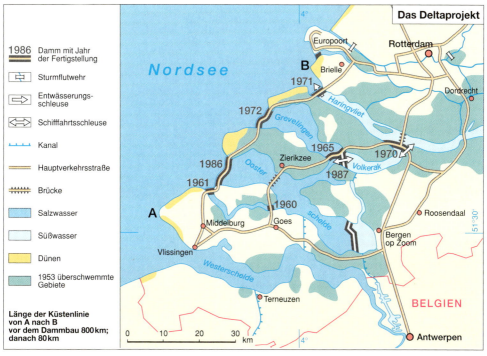

① Erläutere den Ausdruck Niederlande. Nutze dazu auch eine geeignete Atlaskarte.

② Erkläre am Beispiel Zuidersee, wie die Niederländer Land neu gewinnen.

③ Weshalb und wie wurde der Deltaplan in die Tat umgesetzt?

1 Dammbauwerk an der niederländischen Küste

57

Rotterdam – ein Welthafen

Das Flüsschen Rotte führte immer wieder Hochwasser. Deshalb bauten Holländer an der Einmündung der Rotte in die Maas einen Damm. Die Überschwemmungsgefahr war dadurch gebannt. Aber nun konnten die Schiffe nicht weiterfahren, Waren mussten umgeladen werden.
So begann vor über 650 Jahren die Entwicklung Rotterdams zur Hafen- und Handelsstadt.
Heute laufen Supertanker und Containerschiffe mit 20 m Tiefgang den „Europoort", den Europahafen, an. Dafür hoben Schwimmbagger extra eine Fahrrinne in der Nordsee aus, damit die Schiffe Rotterdams „Schnellstraße zum Meer", den Nieuwe Waterweg (neuer Wasserweg), auch erreichten. Das erste Schiff befuhr 1871 diesen Kanal.
Rotterdam wurde zum Transithafen. Für die Entwicklung der Industrie im Ruhrgebiet waren die Aus- und Einfuhr von Waren über diesen Weg sehr wichtig. Die Stahlwerke importierten Eisenerz aus Übersee und die Kohlebergwerke exportierten Steinkohle.
Im Winter sind die Hafenbecken eisfrei. Der Gezeitenunterschied beträgt kaum mehr als 1,5 m, sodass keine Schleusen nötig sind.
Zur Nordsee hin entstanden immer neue Hafenanlagen. Dafür wurden Flächen sogar durch Aufschüttung im Meer gewonnen.

Die 5 größten Seehäfen (1994)

Hafen	Umschlag* (Mio. t)	davon Erdöl
Rotterdam	293,4	97,0
Singapur	290,0	–
Chiba	173,7	–
Kobe	171,0	–
Schanghai	165,8	16,3
Zum Vergleich		
Hamburg	60,4	4,6
Rostock	11,7	–

* entladen und beladen
– keine Angabe

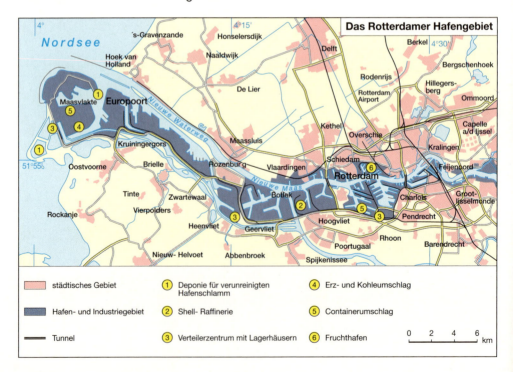

Das Rotterdamer Hafengebiet

- städtisches Gebiet
- Hafen- und Industriegebiet
- Tunnel
- ① Deponie für verunreinigten Hafenschlamm
- ② Shell- Raffinerie
- ③ Verteilerzentrum mit Lagerhäusern
- ④ Erz- und Kohleumschlag
- ⑤ Containerumschlag
- ⑥ Fruchthafen

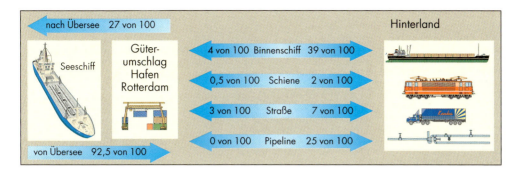

Auf die Einfuhr von Erdöl und die Verarbeitung in den Raffinerien zu Benzin, Diesel und Heizöl ist Rotterdams Hafen spezialisiert. Stark zugenommen hat der Containerumschlag. Schiffe mit 5 000 Containern an Bord können Rotterdam anlaufen. An die Entladestellen für Container, die Terminals, schließen sich Lagerhäuser an. Hier werden Waren sortiert und umgepackt. Besonders japanische und amerikanische Firmen nutzen diese Verteilerzentralen, um ihre Erzeugnisse schnell mit Lkws, Eisenbahnen oder Binnenschiffen in die Verbraucherzentren transportieren zu lassen. Die Hafenbecken und die Fahrrinnen müssen laufend ausgebaggert werden. Sorgen bereitet, dass die Deponieflächen für den verschmutzten Hafenschlamm nur noch wenige Jahre reichen.

Was Rotterdam für die Zukunft plant		
	1994	2010
Güterumschlag (in Mio. t)	293,8	400
Arbeitsplätze im Hafen	68 271	87 700
Industriefläche (ha)	7 410	9 000

① Beschreibe die Hafenanlagen auf dem Foto.
② Was haben die Niederländer unternommen, damit Rotterdam zum größten Hafen der Welt wurde?
③ Ein Binnenschiff soll von Rotterdam in das Schwarze Meer fahren. Welchen Weg würdest du wählen?
④ Warum hat der Hamburger Hafen einen geringeren Umschlag als Rotterdam?

1 Der Hafen von Rotterdam

Was weißt du über Westeuropa?

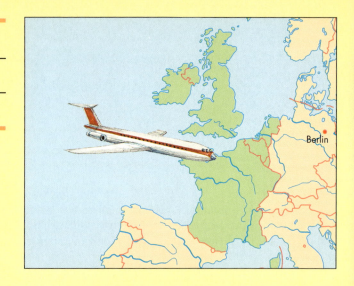

Für die Schnellen noch ein Silbenrätsel:

BAL – CON – DAM – DER – ENT – EU – GE – GLAS – HAUS – KLI – KUL – LAND – LAND – LUNGS – MA – NEL – NER – NEU – NUNG – PARK – POL – RAUM – RO – ROT – RUNG – SCHAFT – SE – SEE – TAI – TER – TUN – TUR – WÄS – WIN

1 Verdichtungsraum mit hoher Bevölkerungszahl und großer Wirtschaftskraft.
2 Niederländisch für eingedeichtes Land.
3 Hierfür sind Pumpen nötig, damit das Land nicht ertrinkt.
4 Vorgang, der in den Niederlanden die Landfläche vergrößerte.
5 Klima mit feuchtem, kühlem Sommer und mildem Winter.
6 Landschaft mit einzelnen Baumgruppen in England.
7 Feste Verbindung zwischen England und Frankreich.
8 Große Metallkiste zum Gütertransport.
9 Besondere Form von intensiver Landwirtschaft in den Niederlanden.
10 Größter Hafen der Welt.

Wir machen einen Erkundungsflug über Westeuropa. Wer mitfliegen will, muss einen Atlas und einen Zettel mitbringen und unsere Stationen notieren.

Wir starten am frühen Morgen in Berlin-Schönefeld. Die Sicht ist klar. Nach kurzer Zeit haben wir die zweitgrößte Stadt Deutschlands überquert und sind jetzt über einem Nebenmeer des Atlantiks (1). Unter uns ist wieder Land mit Feldern und einzeln stehenden Bäumen. Diese Landschaft hat einen besonderen Namen (2). Vor uns liegen einige Städte. Hier nahm vor über 200 Jahren eine besondere Entwicklung ihren Anfang (3). Der Pilot steuert weiter nach Westen auf eine „Grüne Insel" (4) zu. Wegen des besonderen Klimas (5) können die Rinder das ganze Jahr draußen bleiben. Nun ändern wir den Kurs Richtung SO. Bald taucht eine 7-Millionen-Stadt auf (6). Wo so viele Menschen zusammenleben, spricht man von einem B . . . raum (7). In der Stadt gibt es viele Banken, deshalb ist sie ein besonderes Zentrum (8). Plötzlich sehen wir unter uns wieder Schiffe. Wir wissen, dass unter dem Wasser (9) auch Züge fahren (10).
Unser Pilot dreht etwas nach NO ab. Man kann es kaum glauben, dass die eingedeichten Flächen (11) früher vom Meer überflutet waren. Aber die Bewohner dieses Landes (12) sind bekannt für diese harte Arbeit (13). Vom größten Hafen der Welt (14) fliegen wir nun nach S, überqueren die „heimliche" Hauptstadt Europas (15) und nehmen Kurs auf die Stadt, in der alle „Fäden" zusammenlaufen (16). Eigentlich wären wir gern gelandet, um das Wahrzeichen (17) zu besteigen, aber der Pilot drängt, weil er noch ein europäisches Zentrum im Süden anfliegen möchte. Von hier (18) wird sein nächstes Flugzeug (19) kommen. Er fliegt nun direkt Richtung NO nach Berlin zurück.

Östliches Mitteleuropa und die Alpen

Räumliche Orientierung

Zu Mitteleuropa gehören neben Deutschland und den Ländern des Alpenraumes die östlich davon gelegenen Staaten Polen, Tschechien, Slowakei und Ungarn (Östliches Mitteleuropa).

Polens Oberflächengliederung entspricht der Gliederung Deutschlands: von Nord nach Süd Tiefland, Mittelgebirge und Hochgebirge.
Der Anteil des Tieflandes beträgt etwa zwei Drittel des Territoriums. Das Polnische Tiefland bildet den Übergang vom Norddeutschen Tiefland zum Osteuropäischen Tiefland. Es gliedert sich in den hügeligen und seenreichen Baltischen Landrücken und das flache und einförmige mittelpolnische Tiefland. Nach Süden folgt das polnische Mittelgebirgsland mit abwechslungsreichen Landschaften.
Die Karpaten und die Hohe Tatra liegen mit einem schmalen Streifen in Polen.

Tschechien und die Slowakei sind ein Teil des Gebirgslandes in Mitteleuropa. Nur ein Zehntel des Territoriums liegt unter 200 m Höhe. Im Westen umgeben hufeisenförmig waldreiche Gebirge das von Moldau und Elbe durchflossene Böhmische Becken. Die Böhmisch-Mährische Höhe trennt es von der Mährischen Senke in der Slowakei. Aus der Mährischen Senke und dem Donautiefland steigt der Gebirgsbogen der Karpaten auf. Er füllt den größten Teil der Slowakei.

Ungarn wird zu über drei Vierteln durch das von Donau und Theiß durchflossene Tiefland eingenommen. Das gewaltige Senkungsfeld des Pannonischen Beckens wird von Faltengebirgen umrahmt: den Alpen, den Karpaten und dem Dinarischen Gebirge. Bergländer westlich der Donau trennen das Alföld (Große Ungarische Tiefebene) vom Kis-Alföld (Kleine Ungarische Tiefebene). Nach Norden schließt das Ungarische Mittelgebirge das Tiefland ab.

Land	Fläche (in km^2)	Weltrang
PL	312 683	68.
SK	49 036	127.
CZ	78 864	114.
H	93 030	110.

Land	Einwohner (in 1 000)	Weltrang
PL	38 303	29.
SK	5 313	99.
CZ	10 296	68.
H	10 210	70.

Land	Bev.-Dichte (Einw./km^2)	Weltrang
PL	122	54.
SK	108	61.
CZ	131	49.
H	110	60.

Östliches Mitteleuropa – topografischer Überblick

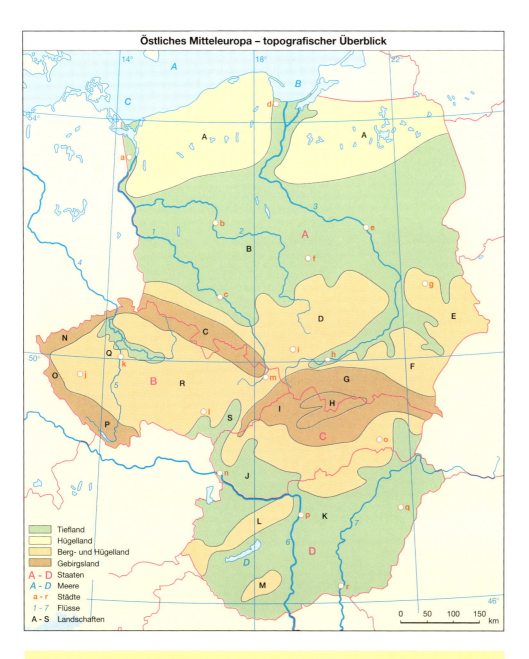

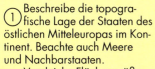

Tiefland
Hügelland
Berg- und Hügelland
Gebirgsland
A - D Staaten
A - D Meere
a - r Städte
1 - 7 Flüsse
A - S Landschaften

① Beschreibe die topografische Lage der Staaten des östlichen Mitteleuropas im Kontinent. Beachte auch Meere und Nachbarstaaten.

② Vergleiche Flächengröße, Einwohnerzahl und Bevölkerungsdichte der Staaten des östlichen Mitteleuropas und Nordeuropas.

③ Ermittle die Entfernungen von Berlin zu den Hauptstädten der Staaten des östlichen Mitteleuropas.

④ Erläutere Unterschiede der Oberflächenform der Staaten des östlichen Mitteleuropas.

1 Baltischer Landrücken
2 Alföld (Große Ungarische Tiefebene)

63

Gemeinsame Geschichte, Gegenwart und Zukunft

Polen entstand vor etwa 1 000 Jahren. Im 14. Jh. umfasste es die Herzogtümer Großpolen mit Gnesen und Posen im Gebiet der Flüsse Warthe und Netze, Kleinpolen mit dem Zentrum Krakau an der oberen Weichsel und Masowien mit Warschau an der mittleren Weichsel. Im 18. Jh. teilten die Nachbarn Preußen, Österreich und Russland das Königreich Polen unter sich auf. Erst 1918 wurde Polen als Staat wiedergeboren. Doch bereits 1939 wurde es vom nationalsozialistischen Deutschland überfallen und ein viertes Mal zerschlagen. Dies löste den Zweiten Weltkrieg aus. Die Beschlüsse der Siegermächte Großbritannien, UdSSR, USA und Frankreich führten zur erneuten Gründung und zugleich zur Westverschiebung der Grenzen Polens.

Tschechien und die Slowakei hatten zeitweilig eine gemeinsame Territorialgeschichte. Die tschechischen Siedlungsräume Böhmen und Mähren standen mehrere Jahrhunderte im engen kulturellen Austausch mit Österreich, Bayern und Sachsen. 1526 begann die bis 1918 andauernde Herrschaft Österreichs über die Tschechen. Die Slowakei gehörte bis 1918 zu Ungarn. Hier war der Einfluss Ost- und Südosteuropas stärker. 1918 wurde in Prag die Tschechoslowakische Republik gegründet. Doch von 1939 bis 1945 geriet das Land unter die Terrorherrschaft des nationalsozialistischen Deutschlands. Danach entstand der tschechoslowakische Staat neu. 1993 erfolgte die Trennung in die Tschechische Republik und die Slowakische Republik.

Nikolaus Kopernikus – Astronom und Mathematiker

Territoriale Folgen des Zweiten Weltkrieges in Mitteleuropa

„So wie das heutige Deutschland nicht in der Lage ist, die Zehntausende tschechischer NS-Opfer ins Leben zurückzurufen und uns in die Zeit vor 1938 zurückzuführen, wo Tschechen, Juden und Deutsche bei uns zusammenlebten, so wenig kann die heutige Tschechische Republik den vertriebenen Deutschen ihr altes Zuhause zurückgeben...
Gemeinsam und erfüllt vom gegenseitigen Vertrauen sollen wir zu dem großen Werk der europäischen Vereinigung beitragen..."
VÁCLAV HAVEL, Präsident der Tschechischen Republik 1997

„Wir Deutschen wollen um Vergebung bitten und wir wollen vergeben ...
Wir haben die einzigartige Chance, gemeinsam ein Europa zu bauen, in dem ein Traum Wirklichkeit wird: ein Europa ohne Krieg, ein Europa der Freiheit, des Wohlstands für alle.
Wann jemals gab es eine großartigere Perspektive? Lassen Sie uns diese Chance nutzen. Ballen wir nicht die Faust, sondern nutzen wir die Hände, um das Europa der Zukunft zu bauen."
ROMAN HERZOG, Bundespräsident der Bundesrepublik Deutschland 1997

Folgen des Zweiten Weltkrieges, der durch das nationalsozialistische Deutschland gewissenlos ausgelöst worden war, sind über 50 Millionen Tote, unermessliches Leid vieler Völker und die Vertreibung von Millionen Deutschen und Polen aus ihrer Heimat.
Heute ist überall eine neue Generation herangewachsen. Verträge Deutschlands mit Polen und Tschechien sind getragen vom Willen der Aussöhnung und des friedlichen Zusammenlebens in Europa.
In einer Europäischen Union könnten die Völker das selbstzerstörerische Gegeneinander endgültig überwinden. Von großer Bedeutung werden grenzüberschreitende Zusammenarbeit und der deutsch-polnische sowie deutsch-tschechische Jugendaustausch sein.

Bedřich Smetana – tschechischer Komponist

Der Hradschin, das Prager Burgenviertel, ist mit seinen Kirchen, Palästen und Parks eine der eindrucksvollsten architektonischen Anlagen in Europa. Die 580 m lange Längsfront der Residenz wird vom gotischen Veitsdom überragt.

Das Stadtschloss in Warschau war 1596–1764 die Residenz der polnischen Könige. Es wurde 1944 von deutschen Truppen der SS gesprengt und 1971–84 von Polen nach alten Plänen wieder aufgebaut.

Prag – die „goldene Stadt"

Prag (Praha), die Hauptstadt der Tschechischen Republik, hat über 1,2 Mio. Einwohner. In Prag haben der Staatspräsident, das Parlament und die Regierung ihren Sitz. Die Stadt gehört zu den Bildungs- und kulturellen Zentren des Staates mit mehreren Hochschulen und anderen wissenschaftlichen Einrichtungen, zahlreichen Bibliotheken, vielen Museen, Theatern, der Oper, dem Sinfonieorchester, Filmateliers und anderen kulturellen Einrichtungen.

Die Stadtlandschaft. Prag wurde im 10. Jh. als Burg- und Marktort in günstiger geografischer Lage an Furten in der Moldau inmitten des Böhmischen Beckens angelegt. Die Moldau durchschneidet das Bergland in einem großen Bogen von Süden nach Norden. Die Stadt entwickelte sich im breiten Tal und auf mehreren vorspringenden Anhöhen.
Im Schutz des Hradschin entstand auf der westlichen Seite die Hradschinstadt und die Kleinseite. Der Burgberg und der Laurenziberg fallen steil zur Talsohle ab. An den Hängen liegen, der Kaiserburg vorgelagert, Gärten und Paläste des Adels. Auf der östlichen Seite entstand auf dem flachen Hang des Moldauknies die Altstadt und die im 14. Jh. angelegte Neustadt mit dem Wenzelsplatz.
Nachdem Prag 1918 die Hauptstadt der selbstständigen Tschechoslowakei geworden war, entwickelten sich auf den Hochflächen neuzeitliche Vorstädte. Industrieviertel entstanden im Verbund mit den Moldauhäfen in Holešovice, in Vysočani und südlich der Kleinseite.

Verkehr und Wirtschaft. Heute ist Prag das größte Verkehrs- und Industriezentrum Tschechiens. Im tschechischen Eisenbahnnetz bildet Prag den Zentralknoten. Von hier führen sieben Hauptstrecken in alle Landesteile. Mit den Nachbarstaaten ist Prag über mehrere Eurocitystrecken, so nach Warschau, Krakau, Wien und Budapest, München, Stuttgart, Frankfurt am Main, Leipzig und Berlin verbunden. Vier Autobahnen und mehrere Fernstraßen führen sternförmig von Prag weg. Die Stadt ist Ausgangspunkt der Moldau-Elbe-Schifffahrt.
Ihr Flughafen Ruzyně ist der wichtigste Tschechiens.
Prag ist nicht nur für die öffentlichen und privaten Dienstleistungen der Politik, Wissenschaft und Kultur ein zentraler Ort, sondern auch für das Geld-, Versicherungs- und Gesundheitswesen. Darüber hinaus ist Prag die größte Industriestadt im Lande. Betriebe der Energieerzeugung, Grundchemie und Erdölverarbeitung, Gummiindustrie, der Metallwarenherstellung, des Maschinen-, Schwermaschinen-, Kraftfahrzeug-, Schienenfahrzeug- und Flugzeugbaus, der Polygrafischen-, Bekleidungs-, Papier- und Holzindustrie sowie der Nahrungs- und Genussmittelindustrie arbeiten an diesem Standort.

Prag hat viele schmückende Beinamen:
„Mutter der Städte",
„Herz Europas",
„schönster Edelstein in der steinernen Krone der Welt" (GOETHE),
„hunderttürmige Stadt",
„Goldene Stadt".

Dichter haben die Stadt besungen, z. B.:
WILHELM RAABE:
„O Prag, du tolle, du feierliche Stadt, o Prag, welch' ein Stück meiner freien Seele hast du mir genommen!"

FRANZ GRILLPARZER:
„Die Lage im Kessel von schönen reich bepflanzten Bergen, der breite Fluss mitten durch die Stadt, das Häusergewühl durch sonderbare Türme und hervorragende Gebäude aller Art wohltuend unterbrochen, der Hradschin das Ganze krönend, alles trägt dazu bei, diese Stadt, recht gemäldehaft, zu einer der schönsten für den Beschauer zu machen."

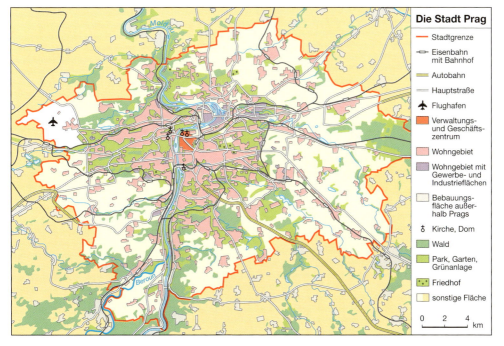

① Beschreibe die Gliederung der Stadtlandschaft von Prag.

② Erläutere die geografische Lage Prags. Beachte die topografische Lage, die Oberfläche und die klimatischen Verhältnisse.

1 Altstädter Ring mit Kinski-Palais und Jan-Hus-Denkmal
2 Blick zum Hradschin

Auf Sightseeing-Tour in Ungarns Hauptstadt

Ihr sollt mithilfe des Stadtplanes und der Kurzbeschreibungen eine Sightseeing-Tour zusammenstellen. Jeder kann die Route nach seiner Wahl festlegen und auf einem Transparentpapier, das man über den Plan legt, eintragen. Allerdings soll man dabei möglichst viele Punkte sammeln. Sie sind bei den Kurzbeschreibungen angegeben. Die Höchstzahl, die man erreichen kann, beträgt 44.

Millionen Touristen kommen jedes Jahr nach Budapest. Sie fahren dorthin wegen der Sehenswürdigkeiten, der Einkaufsmöglichkeiten oder wegen des Erlebnisses. Für die Besichtigung braucht man einen Stadtplan.

Gestartet wird beim Westbahnhof, wo die Züge aus Deutschland ankommen. Abschließend vergleicht ihr die Routen und begründet diejenige, die ihr gewählt habt. Überlegt, wie lange ihr braucht, wenn ihr zu Fuß unterwegs wäret.

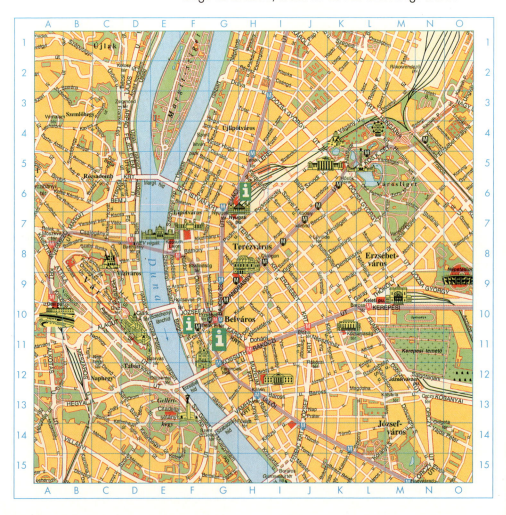

Auf dem **Burgberg** in Buda liegt ein ganzes Stadtviertel mit kleinen Gassen, Plätzen, Denkmälern und Gebäuden, die viel über die Geschichte Ungarns verraten. Von der **Fischerbastei** ① bietet sich ein schöner Ausblick auf das jenseits der Donau liegende Pest. **4 Punkte**

Der **Gellertberg** (Géllert-hegy) erhebt sich 115 m über die Donau. Er war schon im 4. Jahrhundert v. Chr. von den Kelten besiedelt. **3 Punkte**

An Bruchlinien treten im Stadtgebiet 123 Thermalquellen aus. Sie versorgen Heil-, Strand- und Schwimmbäder. Das **Királybad** stammt noch aus der Zeit der Türkenherrschaft. **3 Punkte**

Die **Kettenbrücke** ② ist ein Wahrzeichen der Stadt und die älteste feste Verbindung der Stadtteile Buda und Pest. **3 Punkte**

Über Budapest laufen alle wichtigen Verkehrslinien zwischen West- und Ostungarn.

Die für den Individualverkehr gesperrte **Margareteninsel** ist 3 km lang und gehört zu den beliebtesten Erholungsstätten der Budapester und ihrer Gäste. Hier gibt es Bäder, Kuranstalten, Sportplätze, Hotels und Parkanlagen. **4 Punkte**

Entlang der von Bäumen gesäumten **Andrássy út** haben gegen Ende des 19. Jahrhunderts reiche Budapester ihre Palais erbaut. Unter der Straße verläuft die erste auf dem Kontinent eröffnete U-Bahn (1896). **3 Punkte**

Die Andrássy útja endet am **Heldenplatz**, wo ein Denkmal daran erinnert, dass die Magyaren (= Ungarn) um 900 in das Karpatenbecken kamen und hier sesshaft wurden. **3 Punkte**

Im **Népstadion** feierte die ungarische Fußballnationalmannschaft früher großartige Triumphe. **2 Punkte**

Eines der eindrucksvollsten Gebäude der Stadt ist das **Parlament** ③. Seit 1990 tagen wieder frei gewählte Volksvertreter in dem großen neugotischen Bau. **4 Punkte**

In der Fußgängerzone um die **Váci utca** findet man die besten Geschäfte der Innenstadt. **4 Punkte**

Große Kaufhäuser gibt es in der **Rákóczi út.** **2 Punkte**

Das allerfeinste Wohnviertel der Stadt mit Villen und Gärten liegt auf dem **Rosenhügel** (Rózsadomb). **3 Punkte**

Die Industrie hat hauptsächlich in den nördlichen und südlichen Vorstädten ihre Standorte.

Ein zweites innerstädtisches Erholungsgebiet ist das **Stadtwäldchen** (Városliget). **3 Punkte**

In der **Zentralen Markthalle** bieten bei freier Preisgestaltung sowohl staatliche Agrargenossenschaften als auch freie Bauern ein reichhaltiges Angebot von Fleisch, Obst und Gemüse an. **3 Punkte**

Fischerbastei C 8
Gellertberg E 13
Királybad (Fö ut.) D 7
Kettenbrücke E 10
Margareteninsel E-F 1–5
Andrássy út G–K 6–9
Heldenplatz K 5
Rosenhügel B–C 5–6
Stadtwäldchen K–N 4–7
Zentrale Markthalle I 15
Westbahnhof M 9
Népstadion O 8–9
Parlament E 7
Váci utca F 11
Rákóczi út H–L 10–11

Warschau – Wiedergeburt einer Stadt

Warschau, Januar 1945
„Sagen wir: Massengrab, Ruinenwerk, Triumph der Ratten, Auflösung der Topografie. Keiner wusste mehr, wo er sich befand. Nur noch Mauerreste, Schuttberge, zerbrochene Hauswände, in den Fensterhöhlen der graue Winterhimmel, zerborstene Balkone, Pferdekadaver, zerschossene Stahlhelme und Fahrzeuge. Zerbombt, gesprengt, alles leer und öde. Ratten, die aus den Ruinen, Kellern und Abwasserkanälen krochen und wieder in jenen Schächten verschwanden, in die sich die letzten Untergrundkämpfer verblutend zurückgezogen hatten.
Auflösung der Topografie einer Stadt, einer Welt. Nicht mehr Museen, Akademien, Schulen, Krankenhäuser, Kaufhäuser und Kirchen. Eine Welt, nicht nur tot – zerstückelt, versengt, zuschanden gemacht. Erdoberfläche, von Menschenhand gestaltet, ohne Vertikale, keine Silhouette mehr wie auf alten Bildern, keine Kirchtürme, keine Fassaden. Warschau – nur noch ein Trümmerfeld. Und eine unheimliche Stille über all dem".
(nach OTTO HEINRICH KÜHNER)

Warschau (Warszawa), die Hauptstadt der Republik Polen, hat über 1,6 Mio. Einwohner. Die Stadt ist Sitz des Präsidenten, des Parlaments und der Regierung des polnischen Staates sowie des Erzbischofs.
Warschau ist das überragende kulturelle und wirtschaftliche Zentrum Polens. Die Stadt liegt am Mittellauf der Weichsel zu beiden Seiten des Stromes in Masowien. Das Stadtzentrum erstreckt sich auf einer etwa 25 m hohen Grundmoränenplatte auf der westlichen Seite des Flusses. Auf der breiten Talsohle eines Urstromtals entwickelte sich östlich des Stroms der Stadtteil Praga.
Zerstörung und Wiederaufbau. Gegen Ende des Zweiten Weltkriegs 1945 war Warschau verwüstet: Etwa 80% der Wohngebäude und 90% der Industrieanlagen waren zerstört und etwa 800 000 Warschauer wurden unter der Herrschaft des nationalsozialistischen Deutschland getötet. Im September 1939 belagerten und bombardierten deutsche Truppen die Stadt. Im April 1943 wurde der Aufstand etwa 60 000 verzweifelter Polen jüdischen Glaubens, die in einem ummauerten Viertel zusammengeferscht waren, blutig niedergeschlagen. Alle Überlebenden wurden später ermordet. Eine planmäßige Erhebung einer etwa 50 000 Mann starken polnischen Untergrundarmee im August 1944 wurde bis zum Oktober ebenfalls von SS-Truppen niedergeschlagen.
Angesichts des großen Ausmaßes der Zerstörungen bestanden nach 1945 Pläne, Łódź zur Hauptstadt Polens zu erheben. Dagegen setzten sich die Befürworter eines Wiederaufbaus durch. Damit wollten Polen sich und ihren erbarmungslosen Besatzern ein Zeichen nationalen Selbstbewusstseins setzen. Sie bauten unter großen Entbehrungen nach alten Plänen die Innenstadt ihrer Hauptstadt, die historische Alt- und Neustadt sowie die Barockstadt, mit größter Sorgfalt wieder auf. Die übrigen Stadtviertel wurden neu gestaltet.
Die 1944 auf 160 000 abgesunkene Einwohnerzahl erreichte bereits 1955 die Millionengrenze und 1969 den Vorkriegsstand. Heute liegt Warschau in der Mitte eines sich zu beiden Seiten der Weichsel auf über 60 km^2 Fläche erstreckenden Ballungsraumes.
Verkehr und Wirtschaft. Warschau ist ein Zentralknoten im polnischen Eisenbahnnetz. Sieben Strecken laufen hier zusammen, so die Intercity- bzw. Eurocitylinien von Berlin und Prag.
Neben den für die Wirtschaft des Landes bedeutenden Einrichtungen des Geld- und Versicherungswesens sowie anderer Dienstleistungen verfügt Warschau auch über eine leistungsstarke und vielseitige Industrie.

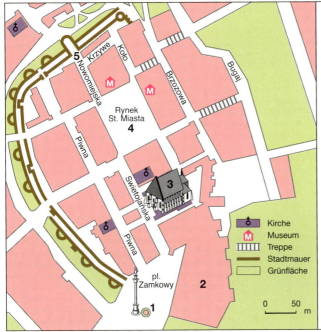

1 **Sigismundsäule:** Bronzestatue von Sigismund III. Wasa (1587–1632), der Warschau 1596 anstelle von Krakau zur königlichen Residenz erhob.
2 **Königsschloss:** 1596–1764 Residenz der Könige, 1944 von SS-Truppen gesprengt, 1971–1984 wiederaufgebaut.
3 **St. Johannes-Kathedrale:** älteste Kirche Warschaus aus dem 14. Jh., 1944 verwüstet, Wiederaufbau 1966 beendet.
4 **Marktplatz der Altstadt:** 75m x 90m groß, Mittelpunkt des städtischen Lebens seit dem 13. Jh., alle Gebäude 1944 zerstört, im Renaissance- und Barockstil wiederhergestellt.
5 **Barbakane:** Festungsanlage aus dem 16. Jh., wiederhergestellt.

① Vergleiche die topografische Lage von Warschau, Prag und Budapest miteinander.

② Sprecht in der Klasse über das Schicksal Warschaus während der deutschen Besatzungszeit.

1 Blick auf Königsschloss und Altstadt
2 Sigismundsäule und Häuser der Altstadt

Erholungslandschaften in Polen

Die polnische Ostseeküste erstreckt sich über mehr als 500 km zwischen Stettin (Szczecin) und Danzig (Gdańsk). Kennzeichnend sind die kilometerlangen, fast geradlinigen Flachküsten mit einem breiten Sandstrand. Sie laden zum Wandern, Baden und Bernsteinsammeln ein. Größere Häfen sind selten, denn die Meeresströmung spült ständig Sand vor die Flussmündung. Wo aber Grundmoränenplatten die Küste bilden, erhebt sie sich zu einem steilen Hang.

Wanderdünen befinden sich vor allem im Gebiet des Erholungsortes Leba. Heute steht die Dünenlandschaft unter Naturschutz. Im 16. Jh. überwehten die Sandberge das damalige Fischerdorf. Die Bewohner mussten an das östliche Ufer der Leba umsiedeln. Die Ruine der Dorfkirche steht noch.

Slowinski-Nationalpark (Slowinski Park Narodowy)

Westlich von Leba erstreckt sich längs der Ostseeküste der 1966 gegründete Nationalpark mit einer Fläche von 181 km². Er umfasst auch den 75,3 km² großen und 6 m tiefen Lebasee (Jezioro Łebsko), den drittgrößten See Polens. Der Strandsee wird von der Ostsee durch die 17 km lange Leba-Nehrung getrennt. Deren Wanderdünen erreichen Höhen um 50 m. Sie verschütten den Wald und lassen die Bäume absterben. So entsteht eine wüstenähnliche Landschaft.

Masuren (Mazury) nennt man das „Land der Tausend Seen". Darin liegt keine Übertreibung, sondern eine grobe Ungenauigkeit. In der Masurischen Seenplatte bieten über 3 000 Seen beste Möglichkeiten für Wassersportler. Die Seen sind durch Kanäle und Flüsse miteinander verbunden, sodass man mit dem Segel- oder Paddelboot wochenlang unterwegs sein kann.

Wanderer können die abwechslungsreiche Landschaft des Baltischen Landrückens von Norden nach Süden durchstreifen. Von den flachwelligen Grundmoränenplatten gelangen sie über die bewaldeten Hügelgirlanden der Endmoränen in die dichten Wälder der Sanderflächen in der Johannisburger Heide (Puszcza Piska).

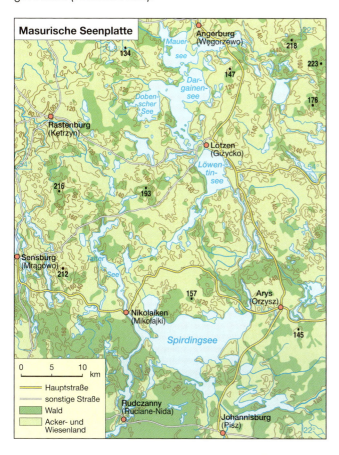

Sehenswertes in Masuren

Lötzen (Giżycko): Zentrum des Wassersports, Schiffsausflüge, ehemalige Kreuzritterburg (14.–16. Jh.)

Mauersee (Jezioro Mamry): 104 km^2 (zweitgrößter See Polens), 44 m tief, 116 m Seehöhe, Kormoranreservat

Rastenburg (Kętrzyn): gotische Pfarrkirche (14.–15. Jh.), Kreuzritterburg (14. Jh.), Wolfsschanze: Ruinen des ehemaligen Hauptquartiers HITLERS, 20.07.1944 missglücktes Attentat auf den Diktator durch GRAF SCHENK VON STAUFFENBERG.

Nikolaiken (Mikołajki): Fremdenverkehrsort in einer Kette von Rinnenseen, Schwanenbrutstätten, Graureiherreservat

Spirdingsee (Jezioro Śniardwy): 122 km^2 (größter See Polens), 23 m tief, 117 m Seehöhe

Rudczanny (Ruciane-Nida): Fremdenverkehrsort inmitten einer Kette von Rinnenseen und der Johannisburger Heide

Johannisburger Heide (Puszcza Piska): größtes Waldgebiet der Masurischen Seenplatte, etwa 1 000 km^2.

① Beschreibe die Entstehung des Lebasees.
② Vergleiche die Masurische Seenplatte mit der Mecklenburgischen Seenplatte. Beachte Oberflächenformen, Bodenbedeckung, Fremdenverkehr, Naturschutz.

1 Wanderdünen im Nationalpark und der Leba-Nehrung

Kulturstadt Danzig (Gdańsk)

Kulturstadt Danzig

„Das zweite Wahrzeichen von Gdańsk ist neben dem Hafen die Altstadt, deren Wiederaufbau als Wunder gelten kann.
Wenn wir heute durch die Straßen und Gassen wandern und die herrlichen Renaissance- und Barockfassaden der Patrizierhäuser bewundern, können wir leicht vergessen, dass die Altstadt 1945 völlig ausgebrannt war.
Sicherlich hätte man sie unmittelbar nach dem Kriege schnell wieder aufbauen können. Wichtiger war in Polen jedoch in jenen Jahren die Entminung des Landes, die Inbetriebnahme der zerstörten Industrie und Häfen und das Herbeischaffen von Nahrung und Bekleidung für Millionen Polen.
Die zerstörten Kulturdenkmäler mussten warten. Jeder Regenguss, jeder Schneefall und jeder stärkere Windstoß schwächte die Ruinen und ließ die noch stehen gebliebenen Mauern und die Gewölbe der Kirchen einstürzen.
Fast im letzten Augenblick gelang es, die schönsten Fassaden abzusichern. Später wurden mit größter Sorgfalt und riesigem Kostenaufwand einem Teil der Straßen und Gassen das ursprüngliche Aussehen wiedergegeben.
Der mittelalterliche Hafenkran, hunderte Patrizierhäuser und zahlreiche gotische Kirchen, Stadttore und Basteien wurden wiederaufgebaut. Der Wiederaufbau der Marienkirche, eines der größten aus Ziegelsteinen gemauerten gotischen Gotteshäuser in Europa, das 25 000 Gläubige fassen kann, stellte die Baumeister vor nicht geringe Schwierigkeiten. Es ist wohl keine Übertreibung, wenn ausländische Fachleute sagen, dass der Wiederaufbau eine denkmalpflegerische Leistung im Weltmaßstab darstellt."

(nach P. Trzeciak, 1972)

1

Eine Hafenbesichtigung

Der mittelalterliche Hafen lag an der Mottlau gegenüber der Altstadt. Hierher brachten Kähne und Flöße aus dem Landesinnern Getreide und Holz, Kupfer- und Eisenerz. Auf Seeschiffen wurden die Waren nach Westeuropa gebracht.
Im 19. Jh. wurde der Hafen flussabwärts an die Weichsel verlegt. 1852 bekam Danzig Anschluss an das mitteleuropäische Eisenbahnnetz. Ein moderner Seehafen entstand. Die Industrie blühte auf. Vier Werften wurden errichtet.
Nach 1945 wurden die Hafeneinrichtungen nach staatlichen Entwicklungsplänen wiederhergestellt und mit neuen technischen Einrichtungen versehen. Die nun staatliche „Leninwerft" gehörte bald zu den sieben größten der Welt. Sie produzierte, vor allem für die Sowjetunion, Schiffe für die Hochseefischerei.
Seit 1980 geriet der Großbetrieb in wirtschaftliche Schwierigkeiten. Sie verschärften sich mit dem Übergang von der Plan- zur Marktwirtschaft nach 1990. Nach mehreren Versuchen, die Danziger Werft zu privatisieren und in Teilen zu erhalten, wurde der Betrieb 1997 geschlossen.

Unterstützt von der katholischen Kirche, versuchten die Werftarbeiter, mit Spendenaktionen Mittel für die Weiterarbeit aufzubringen.

1924 war Polen auf der Westerplatte vom Völkerbund die Anlage eines Munitionslagers zugestanden worden.
Am 1.9.1939 um 4.45 Uhr löste Deutschland mit der Beschießung der festungsartig ausgebauten Westerplatte durch den Panzerkreuzer „Schleswig-Holstein" den Zweiten Weltkrieg aus.
Die knapp 200 Mann starke Besatzung ergab sich nach heftigen Kämpfen am 7.9.1939.
Die Verteidigung der Westerplatte gilt in Polen als Zeichen heldenhaften polnischen Verhaltens.
In den 70er-Jahren baute Polen in der Danziger Bucht den Nordhafen für Massengüter. Die Piers sind 700 m lang, die Wassertiefe beträgt 18 m. Der Kohlepier z. B. ist mit einer Kippanlage ausgerüstet, die jeweils zwei Güterwagen mit je 60 t Steinkohle in 20 Sekunden entlädt. Die Tagesleistung der Anlage beträgt 50 000 t Kohle. Im Winter können die Kohlezüge in einer 150 m langen Aufwärmehalle für die Entladung vorbereitet werden.

① Beschreibe die topografische Lage von Danzig innerhalb Polens, Europas und zu anderen Erdteilen.

② Fertige eine Wandzeitung unter dem Titel: „Weltkulturstadt Danzig".

1 Mottlau-Ufer (Motława) mit Krantor in Gdańsk
2 Denkmal der Verteidiger der Westerplatte

Das Oberschlesische Industriegebiet

Probleme im GOP

- Durchmischung von Industriebetrieben und Wohngebieten
- Überalterung der Fabrik- und Wohngebäude
- ohne Grünflächen und Erholungseinrichtungen
- Monostruktur: einseitig Bergbau sowie Eisen-, Stahl- und Buntmetallherstellung
- keine moderne Wachstumsindustrie, z. B. Elektronik
- überwiegend Großbetriebe
- hohe Umweltbelastungen seit vielen Jahrzehnten

Das Oberschlesische Industriegebiet (polnisch: Górnośląski Okręg Przemyslowy = GOP) ist der bedeutendste Industrieraum Polens. Es gehört zu den größten und ältesten Ballungsräumen Europas. In einem Gebiet von 6 650 km² leben fast 4,0 Mio. Polen, das sind rund 10 % der Bevölkerung des Staates. Fast 90 % wohnen in den 44 Städten des GOP. Die Bevölkerungsdichte überschreitet fast fünfmal den Durchschnitt in Polen.

Die Grundlage der Industrialisierung waren die Vorkommen an Steinkohle, Eisen-, Blei- und Zinkerzen. Bereits im 11. Jh. wurde Silber gewonnen. Vom 16. Jh. an entwickelten sich Eisenhütten. Um die Wende vom 18. zum 19. Jh. setzte mit dem Steinkohlenbergbau die Industrialisierung ein. Der Eisenbahnbau ab 1850 beschleunigte die ungeordnete Ansiedlung von immer neuen Schachtanlagen, Hüttenwerken und Wohnsiedlungen. Nach 1945 verstaatlichte die kommunistische Regierung alle Betriebe. Das GOP wurde Schwerpunkt der Eisen- und Stahlindustrie. 17 neue Zechen wurden eingerichtet. Ein Glanzstück der staatlichen Planung war das neue Eisen- und Stahlwerk Huta Katowice. 1990 fiel die Industrieproduktion schlagartig zurück. Viele Betriebe waren technisch veraltet. Die staatliche Planung konnte die Modernisierung und den Abbau der Monostruktur nicht leisten. Neben dem Verlust des Arbeitsplatzes muss sich die Bevölkerung mit miserablen Wohnverhältnissen abfinden und eine katastrophale Umweltverschmutzung ertragen.

1998 wurde in Gleiwitz ein neues Opel-Werk eröffnet.

1 In Oberschlesien

① Verschaffe dir anhand von Wirtschaftskarten einen Überblick über die eingetragenen Signaturen für Bergbau und Industrie im GOP.

② Nenne Gründe, warum im GOP eine Monostruktur entstand.

Das Nordböhmische Industriegebiet

Das Nordböhmische Industriegebiet erstreckt sich südlich des Erzgebirges im Egergraben von Eger (Cheb) bis zur Elbe. Aufgrund der hohen Industriedichte und des großen Produktionsumfangs steht es an der Spitze aller Industriegebiete in Tschechien.

Eine Grundlage der Industrialisierung des Raumes sind die Braunkohlenlagerstätten bei Komotau (Chomutov), Brüx (Most) und Dux (Duchcov) sowie bei Falkenau (Sokolov). Wegen der günstigen Abbaubedingungen und des hohen Heizwertes wird die nordböhmische Kohle seit Jahrzehnten in Wärmekraftwerken und Betrieben der Kohlechemie veredelt.

Die Nutzung der Braunkohle wurde seit den 50er-Jahren von der sozialistischen Regierung zur Erweiterung der Produktion von Kunststoffen, Chemiefasern sowie Düngemitteln stark vorangetrieben.

Seit dem Bau der Erdölleitung „Freundschaft" und der Erdgasleitung „Nordlicht" aus der damaligen Sowjetunion hat die Petrolchemie an Bedeutung gewonnen. Um sich vom russischen Erdöltropf zu lösen, bezieht Böhmen seit 1997 Erdöl und Erdgas aus Norwegen.

Die ältesten Industriezweige Nordböhmens sind jedoch die Nahrungsmittel-, Glas-, Porzellan-, Holz- und Textilindustrie. Hinzu kommen Betriebe der Eisenerzeugung und des Maschinenbaus. Diese Zweige gehen zum Teil auf handwerkliche Produktion in dieser Region vor dem Industriezeitalter zurück.

Die Škoda Automobilwerke. „Für den Marsch in die Moderne braucht man bei Škoda nicht allzuviel Technik.

Seit kurzem steht in Mladá Boleslav (Jungbunzlau) eine Produktionshalle, die ihre Betreiber stolz eine der modernsten Autofabriken der Welt nennen.

Einen Roboter sucht man dort aber vergeblich. Mit Handarbeit will die Volkswagen-Tochter Škoda den Anschluss an gehobene internationale Qualitätsstandards schaffen. Ein Spagat.

Ihre Trumpfkarte, günstige Preise wegen niedriger Lohnkosten, soll die VW-Marke nicht verlieren, wohl aber das Image des Herstellers von nicht ganz zuverlässigen Billigautos.

Škoda ist einer der ältesten Autohersteller der Welt. Bis in die 50er-Jahre hinein fertigten die Tschechen Autos von Weltruf."

(nach einem Zeitungsbericht, November 1996)

Aus der Werksgeschichte von Škoda

1859	J. N. Graf WALDSTEIN gründet in Pilsen eine Maschinenfabrik, die E. v. ŠKODA 1866 kauft
1894	LAURIN & KLEMENT gründen in Jungbunzlau eine Fahrradfabrik
1905	LAURIN & KLEMENT produzieren in Jungbunzlau Kraftfahrzeuge
um 1920	ŠKODA kauft die Kfz-Fabrik
1946	Verstaatlichung der Škoda-Werke durch die tschechoslowakische Regierung

Lieferverbund bei Škoda 1996

vom Stammwerk in Mladá Boleslav:
Motoren, Getriebe, Achsen
andere Betriebe aus Tschechien:
Kraftstoffbehälter, Instrumententafeln, Batterien
aus einem Betrieb in der Slowakei: Stahlbleche
aus einem Betrieb in Frankreich: Heckleuchten

---

① Beschreibe die Zweig- und Raumstruktur des Industriegebietes Nordböhmen.

② Stelle die Raumbeziehungen zwischen den Škoda-Automobilwerken und der vorgelagerten Industrie in einem Pfeildiagramm dar.

Umwelt-
belastungen

Umweltbelastung durch Luftschadstoffe

stark belastete Gebiete

Waldsterben (Nordböhmen)

Bei der Verbrennung schwefelhaltiger Braunkohle zur Stromgewinnung werden jährlich rund 1,5 Mio. t Schwefeldioxid freigesetzt. Frühgeburten, Tumore und Atemwegserkrankungen treten überdurchschnittlich häufig auf. Mit fast 60 % hatte Tschechien 1993 den zweitgrößten Anteil kranken Waldes in Europa.

Mit der Fertigstellung der Entschwefelungsanlage für das Kohlekraftwerk in Tušimice wurde 1997 entsprechend der Umweltverordnung von 1993 das Entschwefelungs- und Modernisierungsprogramm für Nordböhmen abgeschlossen. Daran beteiligte sich Deutschland mit umgerechnet 500 000 Euro.

Tschechien, die Slowakei und Polen gehören zu den Staaten Europas mit enormen Umweltschäden. Die sozialistische Planwirtschaft setzte auf industrielles Wachstum um jeden Preis. Veraltete Anlagen und Raubbau an den natürlichen Ressourcen führten in vielen Gebieten zu schwerwiegenden ökologischen Problemen.

In Tschechien ist vor allem Nordböhmen von gewaltigen Umweltproblemen betroffen. Verursacher sind die Braunkohlekraftwerke und die chemische Industrie. Sie verarbeiten die schwefelhaltige Kohle zu Strom und Kunststoffen. Dabei werden wegen fehlender Filter und anderer Reinigungsanlagen Luft, Grundwasser und Gewässer stark belastet. Aus hohen Schornsteinen gelangen die Schadstoffe mit den Winden in die Kammlagen der Randgebirge. Dort wurden die Wälder, insbesondere im Erzgebirge, sehr stark geschädigt.

In Polen sind vor allem das Oberschlesische Industriegebiet und der Ballungsraum Danzig mit der Danziger Bucht ökologische Notstandsgebiete. Hier sind Sterberaten, Fehlgeburten und Säuglingssterblichkeit höher als in den übrigen Landesteilen. Insgesamt leiden rund 14 Mio. Polen unter den Umweltbelastungen. Polen versucht durch finanzielle Anreize und Strafen die Lage zu verbessern.

Die Lufthülle kann verschiedene Eigenschaften haben. Sie kann feucht oder trocken, kalt oder warm sein. Deshalb grenzt man nach dem Feuchtigkeitsgehalt Meeresluft (maritime Luft) von Festlandluft (kontinentale Luft) ab und unterscheidet nach der Temperatur Polarluft von Tropikluft. Je nachdem, welche Luft über einem Gebiet liegt, gestaltet sich das Wetter. In Mitteleuropa bestimmen vier Luftmassen den Ablauf des Wetters: maritime und kontinentale Tropikluft sowie maritime und kontinentale Polarluft.

Der beständige Wechsel des Wetters macht es recht schwierig, kurz zu beschreiben, welchen dauerhaften Einfluss das Wetter auf ein Gebiet hat. Man fasst deshalb das Wettergeschehen vieler Jahre zu einem Gesamtbild zusammen. Diesen durchschnittlichen Wetterablauf nennt man Klima.

Klima und Luftmassen

Wie sich Luftmassen bilden. Liegt Luft mehrere Tage oder Wochen über einem Gebiet, so gleicht sie sich der Temperatur der Oberfläche an und nimmt Feuchtigkeit auf, die dort verdunstet. So entstehen Luftmassen mit verhältnismäßig einheitlichen Eigenschaften. Sie unterscheiden sich hinsichtlich der Temperatur, der Feuchtigkeit und der Bewölkung.

Entstehung von Luftmassen				
Feuchtigkeit	Temperatur			
	kalt	kühl	warm	heiß
trocken	kontinentale Polarluft			kontinentale Tropikluft
feucht		maritime Polarluft	maritime Tropikluft	

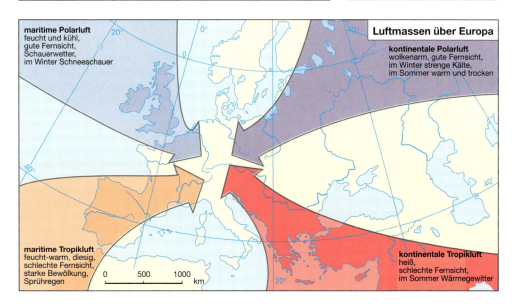

maritime Polarluft
feucht und kühl, gute Fernsicht, Schauerwetter, im Winter Schneeschauer

Luftmassen über Europa

kontinentale Polarluft
wolkenarm, gute Fernsicht, im Winter strenge Kälte, im Sommer warm und trocken

maritime Tropikluft
feucht-warm, diesig, schlechte Fernsicht, starke Bewölkung, Sprühregen

kontinentale Tropikluft
heiß, schlechte Fernsicht, im Sommer Wärmegewitter

① Wie entstehen die Eigenschaften einer Luftmasse?

② Beschreibe die unterschiedlichen Wetterlagen, die durch die vier Luftmassen in Mitteleuropa entstehen.

Landwirtschaft in Mitteleuropa

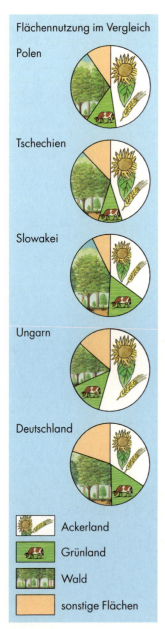

Flächennutzung im Vergleich

Polen

Tschechien

Slowakei

Ungarn

Deutschland

Ackerland
Grünland
Wald
sonstige Flächen

Bodennutzung in Mitteleuropa. In Mitteleuropa sind die natürlichen Voraussetzungen für die Landwirtschaft insgesamt günstig. Verbreitet sind Böden mit hoher natürlicher Bodenfruchtbarkeit, Frühjahr und Sommer bieten gute klimatische Bedingungen – ausreichende Temperaturen und meist genügend Niederschlag.

Nur die Hochlagen der Gebirge sind für die landwirtschaftliche Nutzung ungünstig, da die Gebirgsböden oft schuttreich und nährstoffarm und die Temperaturen im Jahresdurchschnitt zu niedrig sind. Deshalb nennt man diese Räume auch Ungunsträume der landwirtschaftlichen Nutzung. In den Gunsträumen für die Landwirtschaft überwiegt der Ackerbau. Die Gebiete mit hoher Produktionsleistung liegen im Polnischen Tiefland, in der Bördezone, am Nordrand der Mittelgebirge sowie in den Becken und Niederungen Tschechiens, der Slowakei und Ungarns.

Nach Süden nimmt mit zunehmender Wärme der Anbau von Sonderkulturen, wie Wein oder Hopfen, größere Flächen ein.

In den Wäldern der Mittelgebirge sind Viehweiden mit Rindern zu finden.

Vielerorts grasen auf Weide- und Wiesenland und auf abgeernteten Getreidefeldern Schafherden.

Betriebstypen der Landwirtschaft sind in Staaten Mitteleuropas noch geprägt durch die Agrarpolitik der sozialistischen Staaten zwischen 1945 und 1990. Das Kernstück dieser Politik war, nach dem Vorbild der Sowjetunion, die Kollektivierung der Landwirtschaft. Darunter ist die Überführung des privaten Landes der Bauern in genossenschaftliches oder staatliches Eigentum und die Bildung von landwirtschaftlichen Produktionsgenossenschaften (LPG) und Staatsgütern zu verstehen.

In Tschechien, der Slowakei und Ungarn war nahezu die gesamte landwirtschaftliche Nutzfläche kollektiviert. Dagegen blieben in Polen etwa 80 % im privaten bäuerlichen Besitz.

Nach der politischen Wende 1989 kam die Reprivatisierung, das bedeutet Rückübertragung des Ackerlandes an die früheren Besitzer, nur zögerlich in Gang. Deshalb stellen landwirtschaftliche Genossenschaften heute den überwiegenden Betriebstyp dar.

Nur in Polen bewirtschaften etwa 3 Millionen kleine Familienbetriebe mit weniger als 5 ha Ackerland rund drei Viertel der landwirtschaftlichen Nutzfläche. Das Einkommen dieser Bauernfamilien ist sehr niedrig. Schwierig ist es für die Landwirte, wegen beträchtlicher Konkurrenz durch Importe landwirtschaftlicher Güter, zu mehr Ertrag zu gelangen.

MARIA und JAN SZUKALSKI bewirtschaften ihren kleinen Betrieb allein. Die Kinder arbeiten im nahen Warschau. Auf den sandigen Böden baut SZUKALSKI Kartoffeln, Roggen und Hafer an. Den Hafer verfüttert er an die Pferde. Maschinen kann er sich nicht leisten.
Zwei Kühe und Schafe halten sie auch im Stall.

LUDOVIT CERNAK ist Schäfer. Nach der Schneeschmelze treibt er die Schafherde der Genossenschaft hinauf auf die Hochweiden an den Hängen der Niederen Tatra. Dort bleibt er den Sommer über. Seine Frau ist mit anderen in der Futterbauabteilung der Agrargenossenschaft in der Nähe von Zvolen tätig, denn im langen Winter brauchen die Schafe und das Milchvieh in den Ställen genügend Futter.

IMRE KONYA konnte mit staatlicher Hilfe einen Teil seines 1952 enteigneten Landes ersteigern. Er baut vorwiegend Tomaten und Paprika an. Die Nähe zu Budapest gewährleistet den Absatz. Sorgen bereiten ihm die Niederschläge im Sommer. Seine Frau kümmert sich um die Gänsezucht. Im letzten Herbst konnten sie 100 Gänse an einen Händler aus Deutschland verkaufen.

① Beschreibe polnische Agrarlandschaften. Benutze die Atlaskarte zur Bodennutzung und wende dein Wissen zur Oberflächengestalt an.

② Erörtere die wirtschaftliche Lage der polnischen Kleinbauern in der Marktwirtschaft.

③ Erläutere den Zusammenhang von Oberflächengestalt, Boden, Klima und Bodennutzung im Elbebecken und in den Westkarpaten.

1 Kleinbauer in Mittelpolen
2 Schäfer in der Niederen Tatra
3 Bauernhof in Ungarn

Das Große Ungarische Tiefland

	T	N
Januar:	-1,4 °C	34 mm
Juli:	+23,0 °C	51 mm
Jahr:	+11,5 °C	558 mm

Puszta einst und jetzt

Die Räuber der Puszta gehören zwar der Vergangenheit an, aber das Leben der Pusztahirten wird im Nationalpark Hortobágy als Touristenattraktion bewahrt. Ungarn ist nicht mehr nur das Land des Gulasch, der Paprika und des Csárdás. Einst war der gesamte Nordosten des Alfölds Puszta. In der schier unendlichen Steppe weideten Rinder und Pferde. Außerhalb der wenigen Dörfer standen die Ziehbrunnen.

Das Alföld (Großes Ungarisches Tiefland) liegt in der Mitte des Karpatenbeckens. Es umfasst etwa die Hälfte der Fläche Ungarns.

Ursprünglich wuchs auf den Lössböden des Alfölds eine von Bäumen und Sträuchern durchsetzte Steppe. Diese Waldsteppe haben die Magyaren längst in eine ertragreiche Ackerbaulandschaft umgestaltet. Nur auf den Sandböden der Hortobágy im Nordosten des Landes blieb die natürliche Steppe weitgehend erhalten. Hier trifft die Bezeichnung Puszta (unbesiedeltes Land) noch zu.

Heute wird die naturnahe Landschaft im Nationalpark Hortobágy erhalten und für den Fremdenverkehr vermarktet. Das ebene Steppenland mit den frei weidenden Schafherden, die selbst im Sommer Pelze tragenden Hirten mit ihren zottigen Hirtenhunden und Reitervorführungen gehören zum Touristenprogramm.

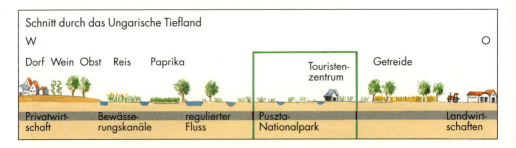

① Stelle den Landschafts- und Nutzungswandel im Alföld in einem Pfeildiagramm dar.
② Begründe das Landklima des Alfölds.
③ Beschreibe die Umwandlung der Puszta und erläutere, warum die Naturlandschaft im Alföld eine Waldsteppe bzw. eine Steppe war.

1 Schafherde in der Puszta

Die Alpen erstrecken sich am Südrand Mitteleuropas in großer Breite von Westen nach Osten. Sie bestehen aus vielen einzelnen Gebirgszügen.

Da die meisten ihrer Berge weit über 2 000 m emporragen, gehören die Alpen zu den Hochgebirgen der Erde. Die Alpen unterteilt man in die West- und Ostalpen.

Die Grenze zwischen beiden Teilen führt vom Bodensee durch das Rheintal über den Splügenpass zum Comer See.

Die Westalpen sind schmaler als die Ostalpen, doch liegen in ihnen die höchsten Gipfel.

Von Norden nach Süden folgen in den Ostalpen auf die nördlichen Kalkalpen, die Zentralalpen und die südlichen Kalkalpen.

Im Alpenraum

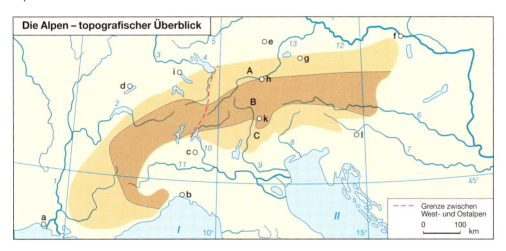

Die Alpen – topografischer Überblick

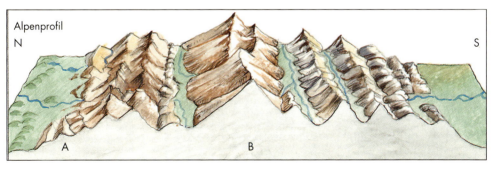

Alpenprofil

① Benenne die in der Karte und im Profil gekennzeichneten Teile der Alpen.

② Nenne die Flüsse und Seen in den Alpen und am Alpenrand und beschreibe ihren Verlauf bzw. ihre Lage.

③ Nenne einige Gipfel über 4 000 m Höhe und kennzeichne ihre Lage.

④ Beschreibe den Verlauf einzelner Gebirgszüge.

⑤ Beschreibe die topografische Lage der Alpen in Europa.

Großglockner und Pasterze

Ein Gletscher entsteht. In großen Höhen des Gebirges fällt mehr Schnee als die Sonne abschmelzen kann. Die Schneemassen häufen sich besonders in halbkreisförmigen Felsnischen, den Karen. Der Altschnee verwandelt sich zu körnigem Firn und unter dem eigenen Druck wird daraus nach Jahren blaues Gletschereis.

Das Gletschereis ist plastisch und fließt am Berghang langsam zu Tal. Es kann im Jahr 200 m zurücklegen. Von den Talwänden stürzt loses Gestein auf den Gletscher.

Die äußere Gestalt des Gletschers ist vom Untergrund abhängig. Schiebt sich der Eisstrom über eine Felsstufe, so entstehen Gletscherspalten.

Folgt die Eismasse einem Tal, so kommt die längliche Gestalt eines Talgletschers zustande. Dessen Gletscherzunge reicht weit ins Tal hinunter und schmilzt ab. Aus dem Gletschertor strömt der Gletscherbach.

Aus dem felsigen Untergrund löst die Eismasse Gestein heraus, das zerrieben und am Gletscherrand als Seitenmoräne oder als Endmoräne abgelagert wird. Dabei verändert sich ein Kerbtal mit einer V-Form zu einem Trogtal mit einer U-Form.

Gletscher (Auswahl)	
Name	Länge in km
Rhône-Gletscher (Berner Alpen)	5
Pasterze (Hohe Tauern)	10
Großer Aletsch-Gletscher (Berner Alpen)	25
Malaspina-Gletscher (Alaska)	42

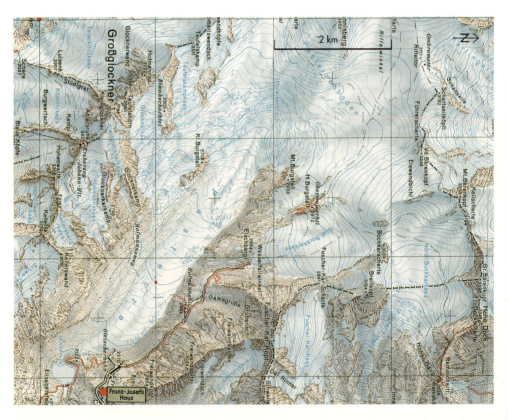

Gletscherwanderung am Großglockner

Wir stehen beim Franz-Josef-Haus. Unter uns liegt die Pasterze, zerborsten, zerklüftet. Drüben starren die Berge. Dann geht es zum Gletscher. Die Nagelschuhe knurpsen auf dem Eis. Unser Wegweiser ist das äußere Glocknerkar, das oben am Felsen hängt. Es kommt mir so klein vor. Aber ich weiß allmählich, was das heißt. Zehn Minuten, dachte ich, hätten wir über die Pasterze zu gehen, und jetzt ist bald eine Stunde hin.

Vom Rucksack bindet der Führer die Steigeisen ab und schnallt sie unter meine Sohlen. Und dann zieht er das fingerdicke Seil um meinen Leib. Ich sehe nach den Spalten des Gletschers, höre die Bäche unter uns rauschen. Fuß für Fuß setzt mein Führer langsam in den Neuschnee, und ich trete genau in seine Fußstapfen, das Seil stramm haltend. Ich setze die Schneebrille auf, denn die Sonne prallt zu sehr auf den Schnee. Vor uns liegt eine Spalte. Er nähert sich dem Rand der Schlucht und klopft an der Schneebrücke herum. Jetzt steigt er hinüber, dann fasst er das Seil und zieht mich heran. Tief sehe ich hinab in die blaue Glasschlucht.

Nun geht es im Neuschnee weiter. Mein Bergführer hebt den Finger: „Leise gehn und schnell!" sagt er, nach den Schneewächten über uns zeigend. Kanonendonner erschallt. Ein neuer Spalt ist gerissen. Endlich ist der Fels erreicht. Nach einer kurzen Rast geht es den Grat empor und dem Glockner zu.

(nach HERMANN LÖNS, 1926)

① Ermittle den Höhenunterschied zwischen dem Gipfel des Großglockner und dem Franz-Josef-Haus bzw. dem Ende der Pasterze.

② Suche auf dem Bild und in der Karte nach Gletscherspalten, Moränen, dem Gletschertor, Karen, Graten und Gipfeln.

③ Begründe die Notwendigkeit der im Text erwähnten Ausrüstung.

1 Blick zum Großglockner

Bergbauerntum im Wandel

Wir besuchen einen Bergbauernhof in Tirol

Der Hof des Bauern liegt in 800 m Höhe inmitten von Wiesen an den unteren Talhängen. Insgesamt sind es neun Hektar Grünland. Außerdem besitzt der Bauer Anteile an verschiedenen Almen. Uns fällt auf, dass nur drei Kühe auf der Weide stehen. Auch der Viehstall ist leer. Für alle Tiere würde das Futter der Talweiden nicht reichen. Deshalb treibt man das Vieh im Sommer auf die Almen. Die Talweiden können unterdessen bis zu dreimal geschnitten werden, um genügend Heu für den Winter einlagern zu können.

Der Bauer berichtet: „Mein Großvater hatte noch Roggen- und Kartoffeläcker hier im Tal. Früher versorgten sich die Bergbauern nämlich selbst. Heute können wir uns die Lebensmittel draußen im Supermarkt billiger kaufen. Schließlich gibt es jetzt eine Straße dorthin. Die Milch hole ich mit meinem geländegängigen Auto täglich von der Alm. Von der Hochalm fließt sie durch Kunststoffrohre ins Tal. Der Milchfahrer von der großen Molkerei in der Kreisstadt sammelt die Milch.

Die Arbeit ist trotzdem schwer genug. Die Almen und der Wald müssen gepflegt werden. In den letzten Jahren war kaum ein Senner zu finden. Mein Sohn arbeitet in der Stadt, meine Tochter in dem neuen Hotel dort drüben. Einige Bauern haben ihren Betrieb schon aufgegeben, aber bei der steigenden Arbeitslosigkeit werde ich mir den Schritt überlegen. Die beiden Ferienwohnungen, die wir vor zwanzig Jahren eingerichtet haben, bringen auch Geld."

Alpenländer in Mitteleuropa

Land	Fläche (in km^2)	Weltrang
A	83 857	113.
CH	39 988	133.
FL	160	188.

Land	Einwohner (in 1 000)	Weltrang
A	8 030	85.
CH	7 019	91.
FL	30	188.

1

Zusammenhang zwischen Bergbauerntum und Kulturlandschaft

Die Abnahme der Bergbauernbetriebe in den Alpenländern zieht Veränderungen in der Kulturlandschaft nach sich:
– regelmäßig beweidete Almen sind unempfindlicher gegen Bodenzerstörung; langes Gras und hohe Kräuter werden durch abrutschenden Schnee oder durch Skiläufer aus dem Boden gerissen; Wind und Regen können den ohnehin spärlichen Boden abtragen;
– im Fall eines höheren Viebesatzes, um höhere Einnahmen zu erzielen, wird die Grasnarbe durch den Viehtritt zerstört; die Folge ist ebenfalls eine beschleunigte Abtragung von Boden, vermehrter Steinschlag und erhöhte Lawinengefahr können hinzukommen;
– zuerst werden die Hochalmen und die Weiden an steilen Hängen aufgegeben; diese Flächen aufzuforsten, ist sehr schwierig;
– bei fehlender Waldpflege wird dessen Schutzfunktion beeinträchtigt;
– das gewachsene Bild der alpenländischen Kulturlandschaft, der Wechsel von Bauernhöfen, Talwiesen, Wäldern mit Bergwiesen, Sennhütten, Almen und grasendem Vieh zieht Touristen an; Tourismus bringt aber auch zusätzliche Verdienstmöglichkeiten.

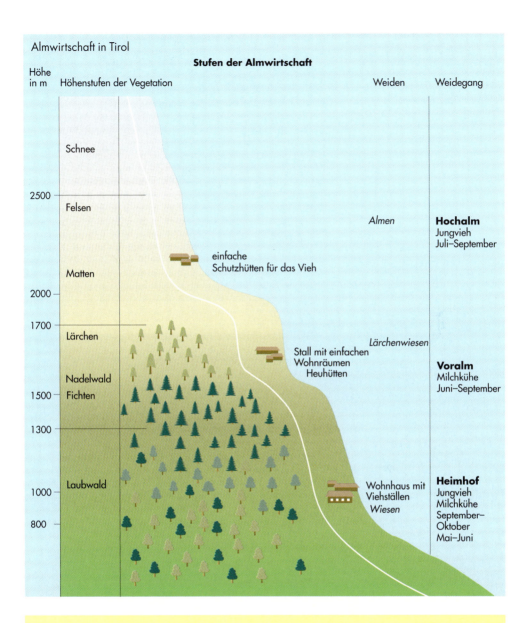

1 Almwiese

① Suche im Atlas die Länder, die Anteil an den Alpen haben. Beschreibe den Umfang dieses Anteils.

② Veranschauliche die Flächengröße und die Einwohnerzahl der Alpenländer in Mitteleuropa durch Säulendiagramme. Zeichne zum Vergleich auch Säulen für Deutschland.

③ Beschreibe, wie sich in den Alpen mit zunehmender Höhe die Landschaft (Relief, Wasser, Boden, Vegetation) verändert.

④ Erkläre die Almwirtschaft als eine besondere Form der Milchviehhaltung. Beachte den Zusammenhang mit den natürlichen Bedingungen im Hochgebirge.

⑤ Stelle Ursachen für den Rückgang der Almwirtschaft zusammen.

⑥ Erläutere die Aussage: Bergbauern sind Landschaftspfleger.

Vom „Armenhaus" zur Freizeitarena

Die Not war früher in vielen Teilen der Alpen sehr groß. Von der Landwirtschaft konnten die kinderreichen Bergbauernfamilien nur dürftig leben. Da es in den Tälern kaum andere Arbeitsmöglichkeiten gab, blieben nur die Saisonarbeit im Ausland oder die Abwanderung.

Wohlstand brachte erst der Fremdenverkehr in die „Armenhäuser" der Alpen.

Sölden ist heute eine der reichsten Gemeinden des Bundeslandes Tirol. Mehr als 2/3 seiner Fläche sind Gletscher-, Fels- oder Schuttgebiete und damit in den Augen von Bauern „Ödland". Für Bergsteiger liegen dort jedoch begehrte Tourenziele. Nach Fertigstellung der Arlberglinie vor mehr als 100 Jahren konnte man Sölden vom Inntal her mit der Postkutsche in 7 Stunden erreichen. Damals lebten ca. 600 Menschen im Ort und es gab erst 3 Gasthöfe. Der große Aufschwung des Fremdenverkehrs setzte nach dem Zweiten Weltkrieg ein. In Hochsölden entstand ein Hoteldorf, immer mehr Lifte und Seilbahnen wurden gebaut. Und um die Saison zu verlängern und neue, finanzstarke Gäste zu gewinnen, erschloss man ein nahe gelegenes Gletscherskigebiet.

Übernachtungen im Jahr

Schweiz
80 Millionen, davon
37 Millionen Ausländer

Österreich
120 Millionen, davon
90 Millionen Ausländer

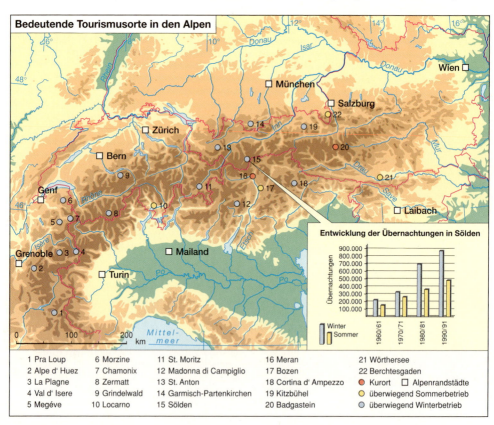

Heute gibt es in Sölden über 2 500 Einwohner, 26 Hotels, zahlreiche Gasthöfe, Geschäfte und Apartmenthäuser. Fast in jedem Haus werden Privatzimmer vermietet und man hat annähernd 1,5 Mio. Übernachtungen.
Viele Einwohner von Sölden verdienen durch den Fremdenverkehr ihren Lebensunterhalt.

Nicht alle denken gleich:
- Die Gäste bringen uns Arbeit und Geld.
- Wir müssen mehr Unterkünfte, Straßen, Parkplätze, Lifte u. a. bauen.
- Ohne Fremdenverkehr hätten wir heute keine Kläranlage und keine Wasserleitung.
- Wenn immer mehr Gäste kommen, steigen der Energie- und Wasserverbrauch sowie der Müllanfall.
- Die Gäste wollen Mountainbike fahren, Golf spielen, Paragleiten, in Diskos gehen.
- Wir sollten den Gletscher für den Skilauf erschließen. Dann haben wir Gäste im Frühsommer, Spätherbst und in schneearmen Wintern. Hotels, Pensionen und Privatquartiere würden länger benutzt werden.
- Die Touristen bringen fremde Lebensweise ins Dorf.
- Wir betonieren die Landschaft zu, sodass von der Natur nichts mehr übrig bleibt.
- Wir möchten uns vom Stress in der Großstadt erholen und suchen Ruhe.
- Wenn sich 9 000 Menschen auf einem Gletscher herumtreiben, bleiben Schäden zurück: Sonnencremereste, Ölreste der Pistenfahrzeuge und anderes. Besonders gefährlich ist das Salz, mit dem man das Eis skifahrerfreundlich macht.

① Beschreibe anhand der Fotos Seiten 89–93 die Landschaftsformen der Alpen.
② Benenne aus nebenstehender Karte Orte mit überwiegend nur Sommer- bzw. nur Wintersaison. Suche nach Ursachen für den Unterschied.
③ Errechne die Kosten eines 6-Tage-Aufenthaltes für 2 Personen in Sölden und vergleiche sie mit dem Durchschnittseinkommen eines Arbeiters: Quartier und Essen pro Kopf 100 Euro, 6-Tage-Skipass für 1 Erwachsenen 120 Euro, Kosten der An- und Abreise mit Pkw (0,30 Euro/km), Sonstiges.
④ Diskutiert anhand des Textes „Nicht alle denken gleich" über die Probleme des Alpentourismus.

1 Blick auf Sölden
2 Gletscherskigebiet bei Sölden im Winter

Elektrischer Strom aus den Alpen

Die Alpen bieten gute Voraussetzungen für die Gewinnung elektrischen Stroms in Wasserkraftwerken:
1. Zwischen den Gipfeln und den Tälern bestehen große Höhenunterschiede.
2. Das Hochgebirge wirkt wie ein Regenfänger.
3. Gletscher sind vorzügliche Wasserspeicher.
4. Die Trogtäler eignen sich hervorragend zur Anlage von Stauseen.

Insgesamt sind bisher in mehr als 300 Hochtälern der Alpen Stauseen angelegt worden. Im Wasserkraftwerk wird die Energie, die im fallenden Wasser enthalten ist, in elektrische Energie umgewandelt.

Ein Besuch in Tauernkraftwerken Glockner-Kaprun. Der technische Direktor berichtet: „Die engen, dünn besiedelten Täler sind außerordentlich gut für die Anlage großer Speicherseen geeignet. Auf dem felsigen Untergrund kann man sichere Staumauern errichten, und Wasser gibt es genug, denn hier oben regnet und schneit es häufig und ergiebig. Im Sommer füllen sich die Speicherbecken regelmäßig durch abschmelzende Schneefelder und Gletscher. Besonders günstig sind die großen Höhenunterschiede auf kurzen Strecken, denn je größer das Gefälle zwischen Speichersee und Kraftwerk ist, desto mehr Strom kann erzeugt werden.
Vielen fällt es immer wieder schwer, zu begreifen, dass überschüssige elektrische Energie, abgesehen vom Schwachstrom, auf keine andere Weise gespeichert werden kann als in der Form von Wasser, das mithilfe eben dieser Energie in einen hochgelegenen Speichersee hinaufgepumpt wird.
Inzwischen ist schon eine ganze Anzahl solcher Speicherkraftwerke entstanden.
Den Strom, den dieses hinaufgepumpte Wasser auf dem Rückweg bergab erzeugt, braucht man, um den Spitzenbedarf zu decken. Bei Tag wird ja mehr Strom verbraucht als bei Nacht, am Werktag mehr als am Wochenende, im Winter mehr als im Sommer.
Nur über große Gebiete hinweg, im sogenannten Verbundsystem, lässt sich hier ein Ausgleich schaffen zwischen Dampfkraft im Flachland und Wasserkraft im Gebirge, zwischen kaum verwendbarem Nachtstrom und dringendem Spitzenbedarf."

Meinungsverschiedenheiten in den Gemeinden in Osttirol
Südlich des Großvenediger ist die Bevölkerung gespalten. Die einen wollen das Dorfertal erhalten.
Es ist wegen der Abgeschiedenheit eine der letzten Naturlandschaften in den Alpen. Deshalb soll hier ein Nationalpark entstehen.
Die anderen versprechen sich vom Bau eines Speicherkraftwerks im Dorfertal wirtschaftlichen Aufschwung. Der Kraftwerksbau soll die Erschließung der hochalpinen Landschaft für den Massentourismus mit Panoramastraßen, Seilbahnen, Skiabfahrten und Sommerskigebieten auf dem Gletscher ermöglichen.
(nach einer Zeitungsmeldung von 1983)

Natur- und Umweltschützer äußern Bedenken gegen weitere Stauseeprojekte.

Sie wenden sich nicht nur gegen die Verbauung der Täler durch Betonmauern, sondern auch gegen eine „Verdrahtung" der natürlichen Landschaft. Außerdem werden nach ihrer Meinung oft „Wunden" in die Felsen geschlagen. Schließlich kommt es unterhalb der Stauanlagen zur Verödung der Gebirgsbäche und Flüsse.

Vom Speichersee zum Speicherkraftwerk

① Beschreibe das oben stehende Foto. Du siehst auch mehrere Merkmale des Hochgebirges. Benenne sie.
② Stelle mit dem Atlas fest, wie viel Niederschlag in den Hohen Tauern fällt, und vergleiche mit deinem Schulort.
③ Begründe die Schwankungen des Stromverbrauchs während eines Tages und während eines Jahres.
④ Erläutere die Gewinnung elektrischen Stroms aus Speicherseen.

1 Der Hochgebirgsstausee bei Kaprun mit Staumauer

Vom Saumpfad zum Alpentunnel

St. Gotthard, Passhöhe 2 108 m

Bis zum Jahr 1830 ein Saumpfad für Fußgänger, Reiter oder Ochsengespanne,

Um 1830 Ausbau zur Passstraße für schwere Lastfuhrwerke und Postkutschen
1882 Fertigstellung des 14 998 m langen Eisenbahntunnels, rund 3 000 Arbeiter sind fast 7 1/2 Jahre beschäftigt
1902 bezwingt das erste Auto die Passstraße
1980 wird nach zehnjähriger Bauzeit ein 16 300 m langer Autobahntunnel eröffnet
Im Bau ist ein 50 km langer Eisenbahntunnel, in dem gleichzeitig bis zu 15 Züge mit 140 km/h unterwegs sein können.

Reisezeit Basel–Mailand
Saumpfad   12 Tage
Postkutsche   3 Tage
Eisenbahn 1990   5 Std.
Autotunnel 1990   5–8 Std.
Eisenbahn 2000   2 1/2 Std.

Über den St. Gotthard verläuft die kürzeste Verbindung von Basel nach Mailand. Lange Zeit führte nur ein schmaler Saumpfad („Saum" – Last, die ein Maulesel tragen konnte) durch enge Schluchten und über steile Hänge zu dem hochgelegenen Pass.
Später trat eine Fahrstraße an seine Stelle. Sie überwindet die steilen An- und Abstiege nicht mehr direkt, sondern in vielen Kehren. Im Winter ist sie allerdings tief verschneit und oft wegen Lawinengefahr gesperrt. Seit Fertigstellung eines 15 km langen Tunnels im Jahr 1882 kann man hier mit der Eisenbahn die Alpen das ganze Jahr durchqueren.
Die Zunahme des Personen- und Güterverkehrs veranlasste die Schweiz, einen zweiten Tunnel unter dem Gotthard zu bauen – diesmal aber einen 16 km langen Straßentunnel. Damit ist es seit 1980 möglich, die Alpen ohne viele Kehren und starke Steigungen zu durchqueren.
Staus, Lärm und Abgase belästigen seither die Bewohner in den Zufahrtstälern.
Menschen werden krank, Bäume sterben. Wenn der Wald aber zugrunde geht, nehmen Lawinen, Muren- und Überschwemmungsgefahr zu. Daher beschloss die Regierung einen neuen 50 km langen Eisenbahntunnel zu bauen. Durch ihn können gleichzeitig bis zu 15 Züge mit Geschwindigkeiten über 140 km pro Stunde unterwegs sein. Davon erhofft man sich eine Entlastung der Straßen beim Durchgangsverkehr.

Ein Italienreisender schreibt um 1700
„Wir hatten eine beschwerliche Reise über den St. Gotthard, der zu jeder Jahreszeit wegen der vielen Ungewitter, Donners und Blitzens sehr unsicher ist. Diese Stürme nötigen gar oft die Reisenden, die sie auf diesem fürchterlichem Gebirge überfallen, einige Tage lang zu warten, bis sie vorüber sind."

Aus den Verkehrsmeldungen des Bayerischen Rundfunks
„Österreich: Die Großglockner- und die Silvrettahochalpenstraße sind gesperrt. Schweiz: folgende Pässe sind gesperrt: Furka, St. Gotthard, Grimsel, Großer St. Bernhard, San Bernardino, Splügen. Die Zufahrten zu den Straßentunnel und Autoverladestationen sind offen. Italien: Das Stilfser Joch ist gesperrt. Deutschland: Für den Reschenpass und alle Bergstrecken ist Winterbereifung notwendig."

Aus einer Zeitungsmeldung
Seit der Eröffnung des Gotthardtunnels im Herbst 1980 kommt es immer wieder zu langen Staus. Seither wälzt sich im Sommer eine nicht enden wollende Blechlawine der Touristen und Fernlaster. Bis zur Eröffnung führte der Autoverkehr über die Passstraße oder rollte auf 200 Zügen ohne Staus im Huckepackverfahren durch den Eisenbahntunnel.

Im Hochgebirge

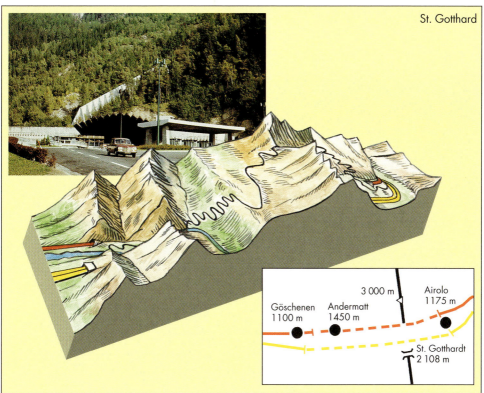

St. Gotthard

Göschenen 1100 m Andermatt 1450 m 3 000 m Airolo 1175 m
St. Gotthardt 2 108 m

Verkehrswege über die Alpen

Der Verkehr in den Alpen wird durch die großen Längstäler erleichtert. Wichtiger für den internationalen Verkehr von Mitteleuropa nach Südeuropa sind jedoch die Nord-Süd-Strecken quer zu den Tälern. Noch vor hundert Jahren waren die Alpen eine Barriere. Heute benutzen täglich tausende von Kraftfahrzeugen die Autobahnen und Fernstraßen sowie viele hunderte Züge die Eisenbahnstrecken durch die Alpen.

Straßentunnel in den Alpen (Auswahl)

Arlberg-Straßentunnel,
 Österreich, zwischen Langen und St. Jakob,
 Länge 13,9 km
Felberntauernstraße und -tunnel,
 Österreich, zwischen Mittersill und Matrei,
 Länge 5,2 km
Fréjus-Straßentunnel,
 Frankreich – Italien, Länge 12,9 km
Großer-St.-Bernhard-Straßentunnel,
 Schweiz – Italien, Länge 5,3 km
Loibl-Straßentunnel,
 Österreich – Slowenien, zwischen Klagenfurt und Kranj, Länge 1,5 km
Montblanc-Tunnelstraße,
 Frankreich – Italien, zwischen Chamonix und Pré Saint Didier, Länge 11,6 km
San-Bernadino-Tunnelstraße,
 Schweiz, zwischen Hinterrhien und San Bernadino, Länge 6,6 km
St. Gotthard -Straßentunnel,
 Schweiz, zwischen Göschenen und Airolo,
 Länge 16,3 km
Tauern-Straßentunnel,
 Österreich, zwischen Flachau und Rennweg,
 Länge 6 km

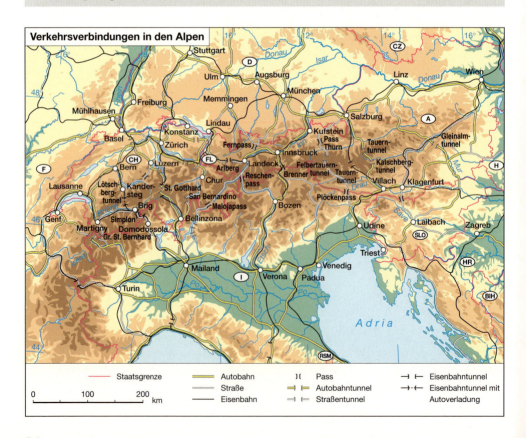

Verkehrsverbindungen in den Alpen

Der Alpenraum – Wirtschaftsregion oder naturnahe Landschaft?

Der Alpenraum ist die größte Hochgebirgslandschaft Europas. Seit Jahrhunderten lebt und wirtschaftet der Mensch in den Alpen. In dieser langen Zeit hat er die Naturlandschaften des Hochgebirges bis in die Mattenregion zu Kulturlandschaften umgestaltet.
Erst im 20. Jh. führten zunehmende Nutzungsansprüche zur Gefährdung dieser Landschaften.

Wirtschaftsraum Alpen

Massentourismus	Hotels, Ferienwohnungen, Zweitwohnungen, Wasser- und Energieversorgung, Abwasser- und Müllentsorgung, Skipisten, Seilbahnen, Sessellifte, Restaurants, Imbissstände, Läden, Straßen und Wege	• Zerstörung des Bodens • Zerstörung der Vegetation • Bodenerosion • Waldschäden • Beeinträchtigung der Tierwelt • Verlust landwirtschaftlicher Nutzfläche • Grundwasserbelastungen • Versiegelung des Bodens • Luftverschmutzung • Mülldeponien • Lärmbelästigung • Beeinträchtigung des Wohnumfeldes • Beeinträchtigung des Erholungs- und Freizeitwertes
Transitverkehr	Autobahnen, Fernstraßen, Brücken, Tunnel, Raststätten, Parkplätze, Tankstellen	
Wasserkraftanlagen	Speicherseen, Staumauern, Stollen im Gebirge, Kraftwerke, Straßen und Wege	

Maßnahmen zur Sicherung der Alpen als Wirtschafts- und Erholungsraum

Maßnahmen der Raumordnung und Landesplanung
  Landesentwicklungsprogramm Bayern
  Einrichtung von Landschaftsschutzgebieten, z.B. Nationalpark Hohe Tauern in Österreich, Nationalpark Berchtesgaden in Deutschland
Internationale Zusammenarbeit
  Arbeitsgemeinschaft Alpenländer (ARGE ALP, gegründet 1972)
  Ziel: durch gemeinsame Anstrengungen den mittleren Alpenraum als eigenständigen Lebensraum und Heimat für seine Bevölkerung zu erhalten und weiter zu entwickeln
  Arbeitsgemeinschaft Alpen – Adria (ARGE Alpen – Adria)
  Commission internationale pour la protection des régions alpines (CIPRA) Mitglieder sind vorwiegend private Natur- und Landschaftsschutzorganisationen
  Deklaration von Chur 1984: „Sanfter Tourismus – eine Chance für den Alpenraum"

Österreich (1996)

(gerundet und umgerechnet in Euro)
Außenhandel in Md. Euro
Einfuhr   50 Md. Euro
Ausfuhr   43 Md. Euro
Güter
Einfuhr:
Maschinen, Fahrzeuge, Fertigwaren, chemische Erzeugnisse, Nahrungsmittel
Ausfuhr:
Maschinen, Fahrzeuge, bearbeitete Waren
Tourismus (1996)
Auslandsgäste   24,1 Mio.

Schweiz (1996)

Außenhandel in Md. Euro
Einfuhr   56 Md. Euro
Ausfuhr   57 Md. Euro
Güter
Einfuhr:
Maschinen und Apparate, Kraftfahrzeuge
Ausfuhr:
Maschinen und Apparate chemische Erzeugnisse Pharmazeutika, Uhren
Tourismus (1995)
Auslandsgäste   18,4 Mio.

zum Vergleich Deutschland

Einfuhr   343 Md. Euro
Ausfuhr   392 Md. Euro
Tourismus (1995)
Auslandsgäste   13,8 Mio.

Was weißt du über das östliche Mitteleuropa und die Alpen?

Ein Staatenpuzzle
Lege eine Tabelle an.

① Schreibe die Namen der Staaten auf (A–F).

② Füge die Städte hinzu (1–16). Unterstreiche die Hauptstädte der Staaten.

③ Schreibe nun die Namen der Flüsse auf (a–h).

④ Prüfe, ob die Karten der Staaten im Maßstab übereinstimmen.

⑤ Ordne das Bild einem der Staaten zu. Begründe deine Entscheidung.

Welche Staaten sind gemeint? Erläutere deine Lösungen.
A. Der Staat ging aus einer Doppelmonarchie hervor, die am Ende des Ersten Weltkrieges zerfallen ist. Der Staat hat Anteil an einem Hochgebirge. Ein bedeutender Strom durchfließt das Territorium.
Wie heißen die Doppelmonarchie, das Gebirge und der Strom?
B. Der Staat war in seiner Geschichte mehrmals von den Nachbarländern beherrscht worden. Sein Territorium besteht überwiegend aus Tiefland.
Wie heißen die Nachbarländer und das Tiefland?
C. In der Hauptstadt dieses Staates steht eine berühmte Burg. In dem Industriestaat wird ein bekanntes Verkehrsmittel hergestellt.
Wie heißen die Hauptstadt, die Burg und das Verkehrsmittel?

Was gehört zusammen?
Weichsel – Elbebecken – Alföld – Polen – Tschechien – Oberschlesien – geringer Niederschlag – Steinkohlenbergbau – Braunkohlenbergbau – Nordböhmen – Gletscher – Ungarn – Alpen.

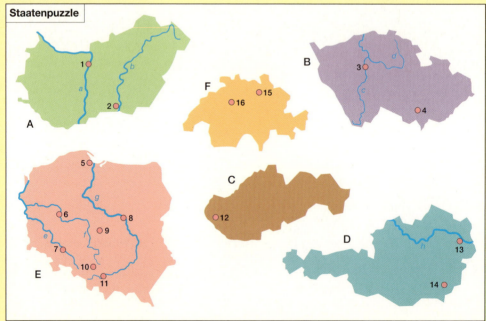

96

Südosteuropa

Räumliche Orientierung

Südosteuropa, das ist die gegen das Mittelmeer vorspringende Halbinsel Europas zwischen dem Adriatischen Meer im Westen und dem Schwarzen Meer im Osten. Die Halbinsel wird von vielgliedrigen Gebirgszügen durchzogen, die Becken einschließen. Größere Ebenen gibt es vor allem im nördlichen Teil.

An der Küste zur Adria herrscht Mittelmeerklima, im nördlichen Gebiet gemäßigtes bzw. Kontinentalklima. In größeren Höhenlagen fällt im Winter reichlich Schnee.

Die Halbinsel war Teil des Römischen Reiches. Bei dessen Teilung kam das größere Gebiet der Halbinsel zum Oströmischen Reich (Byzanz) und damit unter den Einfluss der orthodoxen Kirche. Auch die aus dem Griechischen abgeleitete kyrillische Schrift (in Serbien, Mazedonien und Bulgarien) geht auf den ehemaligen Einfluss von Byzanz zurück. Gegen Ende der Völkerwanderungszeit ließen sich Serben, Kroaten, Bulgaren und Slowenen (alles Südslawen) auf der Halbinsel nieder. Von großer Bedeutung war später das Eindringen der Osmanen (Türken), die fast die ganze Halbinsel unterwarfen.

Das Osmanische Reich zerfiel im 19. Jh. schrittweise. Der Islam, der sich unter seiner Herrschaft ausgebreitet hatte, blieb (vor allem in Bosnien, Mazedonien und Albanien) genauso wie viele orientalische Formen des Lebens. Unter der Einflussnahme der europäischen Großmächte bildeten sich auf dem ehemaligen osmanischen Gebiet die Staaten: Rumänien, Serbien, Bulgarien, Montenegro, Albanien. In jedem siedelten aber auch noch andere Völker. Nach dem Ersten Weltkrieg entstand aus Slowenien, Kroatien, Bosnien-Herzegowina, Mazedonien und Serbien Jugoslawien, was „Land der Südslawen" heißt. Es war bis 1991 der größte und bevölkerungsreichste Staat Südosteuropas.

Land	Fläche (in km²)	Weltrang
SLO	20 260	151.
HR	56 500	124.
BIH	51 130	125.
YU	102 170	106.
MK	25 700	146.
AL	28 700	140.
RO	238 400	80.
BG	110 000	102.
MO	33 700	136.

Land	Einwohner (in 1 000)	Weltrang
SLO	1 995	139.
HR	4 780	106.
BIH	3 500	118.
YU	10 707	66.
MK	2 093	136.
AL	3 414	124.
RO	22 700	40.
BG	8 820	80.
MO	4 400	110.

Land	Bev.-Dichte (Einw./km²)	Weltrang
SLO	98	67.
HR	85	79.
BIH	87	78.
YU	105	64.
MK	81	82.
AL	119	58.
RO	95	72.
BG	79	88.
MO	129	51.

Grenzen des Osmanischen Reiches 1815

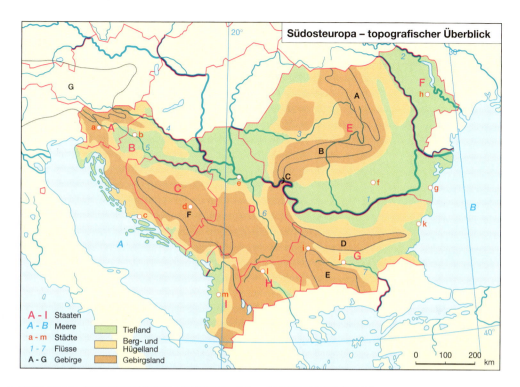

Südosteuropa – topografischer Überblick

A – I Staaten
A – B Meere
a – m Städte
1 – 7 Flüsse
A – G Gebirge

Tiefland
Berg- und Hügelland
Gebirgsland

① Erläutere die Entstehung der Staaten in Südosteuropa. Ordne Länder und ihre Hauptstädte in einer Tabelle.

② Welche Staaten bildeten das ehemalige Jugoslawien?

1 Hafenstadt Piran, Slowenien
2 Ernte im Rosental südlich des Balkan (Bulgarien)

99

Ein Staat zerfiel

Das nach 1945 unter dem ehemaligen Partisanenführer TITO wieder erstandene Jugoslawien war ein Staat mit vielen Völkern, die zum Teil stark gemischt wohnten.
Die meisten sprechen Serbokroatisch. Während Slowenen, Kroaten und Muslime lateinische Schriftzeichen benutzen, verwenden Serben, Montenegriner und Mazedonier das kyrillische Alphabet.
Hinsichtlich der Konfession gehören Slowenen und Kroaten der römisch-katholischen Kirche an, Serben und Mazedonier zur orthodoxen Kirche. Daneben gibt es (vor allem in Bosnien und Kosovo) Muslime, die sich zum Islam bekennen.
Die Wiederbelebung alter Vorurteile, das Nichtverzeihen der in der Vergangenheit einander zugefügten Verletzungen sowie die bedeutenden wirtschaftlichen Unterschiede zwischen den einzelnen Teilen des ehemaligen Bundesstaates führten immer wieder zu ernsten Spannungen.
Am Beginn der 90er-Jahre leiteten sie schließlich den Zerfall Jugoslawiens ein.
Die früheren Teilrepubliken Kroatien, Slowenien, Bosnien-Herzegowina und Mazedonien erklärten sich für unabhängig.
Daraufhin kam es zu kriegerischen Auseinandersetzungen zwischen den verschiedenen Volksgruppen.
Am heftigsten tobten diese in Bosnien. Unter Vermittlung der USA und europäischer Staaten wurde 1995 ein Friedensabkommen geschlossen.

Wirtschaftskraft der ehemaligen jugoslawischen Teilrepubliken 1995 (BSP/Einw. Serbien = 100 %)

- 67 % Mazedonien
- 69 % Bosn.-Herzegowina
- 100 % Serbien
- 127 % Kroatien
- 204 % Slowenien

Mehrere Explosionen in Mostar und Gajevi.

In der bosnischen Stadt Mostar sind nach Angaben von UNO-Beobachtern am Donnerstagabend mehrere Explosionen zu hören gewesen… Zu Explosionen kam es auch im serbisch kontrollierten Dorf Gajevi im Nordosten Bosniens. Dort wurden die Häuser rückkehrwilliger Moslems beschädigt. Ein Soldat der Friedenstruppe SFOR habe durch Trümmer leichte Verletzungen erlitten. In Gajevi war es in jüngster Zeit mehrfach zu Angriffen auf Moslems gekommen, die in dem Dorf Behelfswohnungen für 36 moslemische Familien errichten.
(Der Tagesspiegel, 8. 2. 97)

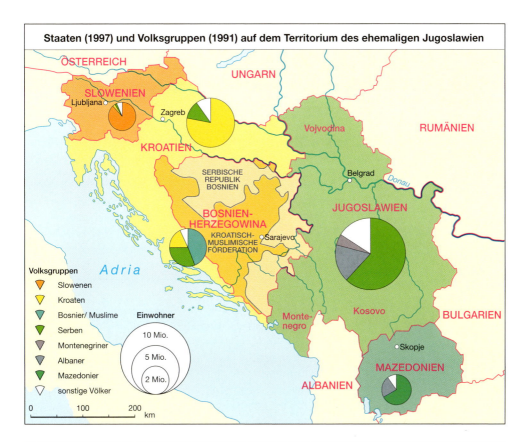

Staaten (1997) und Volksgruppen (1991) auf dem Territorium des ehemaligen Jugoslawien

Frieden für Bosnien-Herzegowina? In Bosnien-Herzegowina lebten Menschen der verschiedenen Nationalitäten oftmals Tür an Tür.
Beide Kriegsparteien versuchten, die jeweils „andere" Bevölkerung zu vertreiben. Ende 1995 waren 1,3 Mio. Menschen im eigenen Land zu Flüchtlingen geworden. Andere flohen in das sichere Ausland. Allein 320 000 Flüchtlinge nahm Deutschland auf, 184 000 Kroatien, 50 000 Österreich. Häuser, Straßen, Strom- und Wasserleitungen wurden im Krieg zerstört. Ende 1995 kam es zu einem Waffenstillstand und unter Vermittlung europäischer Staaten und der USA zu einem Friedensabkommen. Bosnien-Herzegowina gliedert sich danach in eine Kroatisch-Muslimische Föderation und die Serbische Republik Bosnien. Die Einhaltung des Abkommens wird durch eine internationale Friedenstruppe (IFOR), welcher auch deutsche Soldaten angehören, überwacht. Das Land wurde entmilitarisiert, Kriegsgefangene ausgetauscht und Wahlen für ein gemeinsames Parlament durchgeführt.
Nach dem Friedensabkommen begann 1996 mit ausländischer Unterstützung langsam der Wiederaufbau. Nicht alle Flüchtlinge aber wollen heim. Sie sind misstrauisch. Das Wort für Frieden, kroatisch „mir", serbisch „мир" sprechen sie nur leise aus.

① Beschreibe mithilfe des Atlas die drei Naturräume des ehemaligen Jugoslawien: a) Pannonischer Raum, b) Dinarischer Raum, c) Küstenraum. Wie verteilen sie sich auf die Nachfolgestaaten?
② Nenne Gründe des Zerfalls des ehemaligen Jugoslawien.
③ Welche Auswirkungen hatte der Krieg. Werte zur Beantwortung oben stehende Karte und den Text aus.

1 In einem bosnischen Dorf 50 km südlich von Bihac.

Die Karstlandschaft

Die Adelsberger Grotte (Postojnska jama) bildet ein unübertroffenes Naturwunder. Leicht fröstelnd fährt man bei 8°C auf dem rauschenden Pirkafluss durch die unterirdischen Hallen. Besonders beeindrucken die vielen Stalagmiten und Stalaktiten. Sie wachsen aus dem herabfallenden kalkhaltigen Wasser als Tropfsteine vom Boden her und von der Höhlendecke herab. Schließlich vereinen sie sich zu Säulen, die beim Schein der Lampe in allen Farbschattierungen schillern.
Der Vorstellungskraft des Betrachters sind keine Grenzen gesetzt, wenn er Schlösser, Drachen oder Menschen zu erkennen meint.
Im großen Saal finden zu Veranstaltungen 15 000 Personen Platz.

Karst heißt das Gebirge zwischen Triest und Rijeka. Zugleich bezeichnen die Geografen mit diesem Wort Oberflächenformen, die in Landschaften aus Kalkgestein auftreten können. Regenwasser löst Kalkgestein an der Oberfläche und längs feiner Fugen im Gestein. Es bilden sich Karsthöhlen mit Tropfsteinen. Das Wasser sammelt sich in unterirdischen Bächen. Stürzt das Gestein darüber ein, bilden sich Dolinen oder weite, wannenartige Senkungsgebiete, die Poljen.

Dolinen und Poljen sind mit fruchtbarem Boden ausgefüllt, den das Wasser dort ansammelt. Der Name Polje bedeutet Feld. Die Bauern bearbeiten diesen Boden. Jeder Quadratmeter wird genutzt. Die Gehöfte drängen sich oft an den Rand der Poljen. Sie liegen dort sicher vor den Überschwemmungen im Winter und im Frühjahr. Aus den Karstquellen kommt dann so viel Wasser, dass die Abflussöffnungen die Wassermassen nicht schlucken können.

Die Arbeit der Bauern ist wegen der vielen Steine im Boden beschwerlich. Die Karsthochfläche gibt nur eine dürftige Schaf- und Ziegenweide her. Viele Bauern wanderten seit den 60er-Jahren ab. Sie fanden Arbeit im Tourismusgewerbe an der Adriaküste, in den neuen Industriebetrieben oder als Gastarbeiter in Deutschland.

Im Dinarischen Gebirge wurde die Verkarstung durch den unsachgemäßen Eingriff des Menschen in die Naturlandschaft stark gefördert. Griechen, Römer und Venezianer holzten die Eichen- und Buchenwälder vor Jahrhunderten ab. Sie benötigten das Holz für den Schiff- und Hausbau, zur Metallgewinnung und zur Heizung. Aber sie versäumten es, junge Bäume nachzupflanzen. So schwemmte der Winterregen den Boden ab.

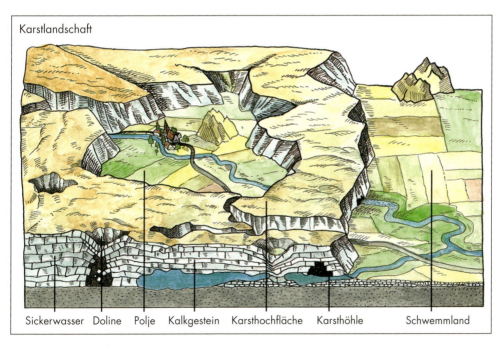

Karstlandschaft

Sickerwasser Doline Polje Kalkgestein Karsthochfläche Karsthöhle Schwemmland

① Veranschauliche die Bildung von Tropfsteinhöhlen durch eine Skizze.

② Weshalb verließen viele Bauern ihre Heimat?

③ Erkläre die Entstehung einer Karsthöhle.

1 Doline (Montenegro)
2 Fugenbildung im Kalkstein
3 Polje (Cetinje in Montenegro)

Die Donau – eine europäische Wasserstraße

Die Donau ist der zweitlängste Strom Europas. Der Schiffsverkehr auf der Wasserstraße ist geringer als auf dem Rhein. Er wird sicher zunehmen, wenn die Wirtschaft in den Ländern an der mittleren und unteren Donau wächst. Auch der Main-Donau-Kanal könnte zur Zunahme des Schiffsverkehrs auf der Donau beitragen. Dieser Europa-Kanal schafft eine 3 500 km lange Verbindung zwischen der Nordsee und dem Schwarzen Meer.

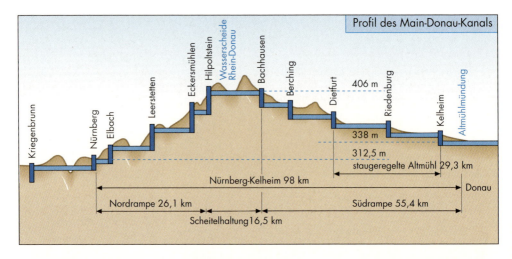

Profil des Main-Donau-Kanals

Ein Koppelverband kann mit 3 Mann Besatzung fast 4000 t transportieren. Dafür brauchte man 100 Lkw. Von Wien nach Konstanza (dorthin wurde von Cernovoda 1984 ein Kanal fertiggestellt, der den Schiffen bei ihrer Fahrt zum Schwarzen Meer 400 km Umweg erspart) dauert die Fahrt 5 Tage (stromaufwärts 8). Der Lkw ist schneller, außerdem erreicht er ohne Umladen die Kunden. Die umweltfreundliche Binnenschifffahrt eignet sich vor allem zum Transport von Massengütern und für touristische Zwecke.

1 Durchbruchstal der Donau in den Südkarpaten (Rumänien)

Das Durchbruchstal der Donau am Eisernen Tor. Das Donautal zwischen Karpaten und Balkan ist mit 130 km Länge das großartigste Durchbruchstal Europas. Zahlreiche Untiefen und eine starke Strömung behinderten die Schifffahrt sehr. Bei Orşova versperrte ein Granitfelsen, das Eiserne Tor, den Weg.

Der Ausbau der Strecke begann 1830 mit der Gründung der Donauschifffahrtsgesellschaft. Anfangs wurden nur Felsenriffe beseitigt. Seit 1878 brach man auch eine 60 m breite Fahrrinne mit einer Mindestwassertiefe von 2 m in die felsige Flusssohle. 1896 war am Eisernen Tor ein Umfahrungskanal vollendet. Aber auch in diesem Kanal war die Strömung stark. Bei der Bergfahrt mussten die Schiffe vom Kanalufer aus mit Lokomotiven durch den Kanal gezogen werden.

Seit den 50er-Jahren wurden in Jugoslawien und Rumänien zunehmend Industrien aufgebaut. Demzufolge verbrauchten beide Staaten mehr elektrische Energie und die Bedeutung der Donau als Verkehrs- und Transportweg stieg. Das führte 1963 zu einem Abkommen zwischen beiden Staaten über den Bau und die Nutzung einer „Wasserkraft- und Schifffahrtsanlage am Eisernen Tor". Seit 1972 sind die Stromschnellen durch einen über 100 km langen See überstaut. Die einst wilde Donau behindert die Schifffahrt nicht mehr.

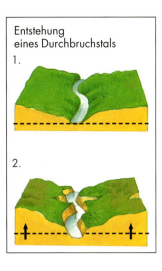

Entstehung eines Durchbruchstals
1.
2.

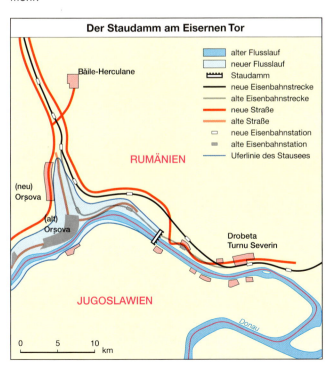

Der Staudamm am Eisernen Tor

Der Staudamm am Eisernen Tor

Staudamm
Länge 1 270 m
Höhe 70 m
Breite 60 m
Überfallwehr 441 m
Kraftwerk je 214 m

zweistufige Schleusen je
Breite 34 m
Länge 310 m

Kraftwerke 11,4 Md. kWh

Zeitbedarf
Durchschleusen 90 Min.
Engtalstrecke
früher 120 Std.
heute 30 Std.

Begleiterscheinungen
Überflutung 12 000 ha
(u. a. 15 Siedlungen)
Umsiedlung 25 000 Einw.

1

Das Donaudelta ist eine junge Naturlandschaft, die noch immer jährlich um etwa 40 m ins Meer hinauswächst. Im Mündungsbereich, wo das Wasser langsam fließt, werden die mitgeführten Schwebstoffe (Reinsand, Ton- und Humusteilchen) abgelagert. Dadurch verbaut sich der Fluss seinen Weg, tritt über die Ufer und sucht einen neuen Lauf. So entsteht ein fächerförmiges Netz von Flussarmen und Seen.

2

Donaudelta Fläche 5 700 km²

Überschwemmungsgebiet
1 bis 3 m Höhe 4 300 km²

überschwemmungsfreies Gebiet
3 bis 15 m Höhe 1 400 km²

Schilf als Rohstoff

Herstellung von Zellulose, Papier, Lacken, Futterhefe, Spiritus. Bei der Herstellung entstehen schädliche Abfallstoffe, die die Donau belasten.

Lebensraum von etwa 300 Vogelarten (Pelikan, Reiher, Kormoran u. a.), etwa 100 Fischarten (Karpfen, Hecht, Zander, Wels, Barsch u. a.) und Säugetieren (Fischotter, Nerz, Wildkatze, Wildschwein u. a.)

Das Mündungsgebiet der Donau ist nach der Wolgamündung das zweitgrößte Delta Europas. Hier gibt es keine Bahnlinie und kaum Straßen. Verkehrsweg zwischen den Siedlungen ist meist das Wasser. In dieser Welt der seichten Gewässer, der großen und kleinen Seen leben noch etwa 15 000 Fischer, Imker oder Schilfbauern. Fisch ist die Hauptnahrung.
Auf 250 000 ha wachsen die umfangreichsten Schilfbestände Europas. Schilf dient den Deltabewohnern zum Hausbau, zur Anfertigung von Matten und Netzen, zu Heizzwecken. Aus Schilf wird auch Zellulose gewonnen.
Dafür werden im Herbst die Schilfwälder geerntet.
Der Schifffahrtsweg verläuft auf dem nahezu schnurgeraden mittleren Donauarm nach Sulina. Jahrein und jahraus wird der Schlamm durch Bagger an die Böschung gehoben, damit die Fahrrinne freibleibt.

Das UNESCO-Biosphärenreservat Donaudelta ist von Umweltproblemen bedroht. Die Industrialisierung in Rumänien in den 50er- und 60er-Jahren, insbesondere der Aufbau einer Eisen- und Stahlindustrie und chemischen Industrie führte zu einer starken Verschmutzung der Donau. Dazu trägt auch der zunehmende Schiffverkehr bei. Außerdem war es üblich, im Herbst unzugängliche Schilfbestände abzubrennen.

Durch die Aufnahme des Donaudeltas in die weltweite Liste der Biosphärenreservate wird Rumänien durch die UNESCO bei der Bewahrung der natürlichen Deltalandschaft unterstützt. Dabei müssen die Belange der Bewohner des Deltas und der Schifffahrt ebenso berücksichtigt werden wie der Schutz der Tier- und Pflanzenwelt.

Biosphärenreservat

Bezeichnung für ein von der UNESCO innerhalb ihres 1968 begonnnen Programmes „Mensch und Biosphäre" unter Schutz gestelltes Gebiet, welches für die jeweilige Landschaft typisch ist oder eine Besonderheit darstellt, z. B. in Deutschland der Nationalpark Bayerischer Wald, das Gebiet der mittleren Elbe in Sachsen-Anhalt und die Schorfheide in Brandenburg.

① Beschreibe den Verlauf und das Stausystem des Main-Donau-Kanals.
② Begründe die Aussage: Die Donau ist älter als das von ihr durchflossene Gebirge.
③ Beschreibe die Stauanlagen am Eisernen Tor.
④ Beschreibe Merkmale des Donaudeltas. Beachte das Relief, das Gewässernetz, die Vegetation und die Tierwelt.
⑤ Finde Zusammenhänge zwischen der Naturlandschaft und der Nutzung des Donaudeltas.
⑥ Die Naturlandschaft des Donaudeltas ist bedroht. Begründe die Aussage.

1 Kormorane
2 Satellitenbild vom Donaudelta
3 Säbelschnäbler
4 Pelikane im Donaudelta

Was weißt du über Südosteuropa?

① In diesem Kreuzworträtsel-Salat sind 32 Begriffe versteckt (Ö=OE, Ä=AE). Du findest sie auch im Buchtext bzw. auf der Atlaskarte. Schreibe die Begriffe auf einen Zettel und ordne sie dabei folgenden Sachgebieten (Anzahl der Begriffe) zu: Geografische Namen (8), Nationalitäten-Kennzeichen der Staaten (6), Völker (8), Religionen (2), Erscheinungen im Kalkgebirge (4), Namen aus der Geschichte (3); Etwas, was sich die Menschen in Südosteuropa wünschen (1).
Achte darauf, dass du nicht in das Buch schreibst, wenn es dir nicht gehört.

② Trage die gefundenen geografischen Namen und die Autokennzeichen in eine stumme Karte ein.

③ In welchen Staaten Südosteuropas verwendet man diese Schriftzeichen?

А Б В Г Д Е Ж З И К Л М Н

④ Wie nennt man das nebenstehend abgebildete Gebäude und welche Funktion hat es?

⑤ Welcher Staat bin ich?
Ich liege auf der südosteuropäischen Halbinsel und habe einen breiten Küstenstreifen, an den sich ein Hügelland und weiter im Landesinnern ein bis zu 2 693 m hohes Gebirgsland anschließt.
An der Küste und im Süden herrscht Mittelmeerklima. Nach Osten wird das Klima kontinentaler, sodass im Winter im Gebirge Schnee fällt.
Ich wurde von den Thrakern und den Illyrern besiedelt. Später gehörte ich nacheinander zum Römischen, Oströmischen und zum Osmanischen Reich. Seit 1913 bin ich ein selbstständiger Staat.
Die Menschen in meinem Land zählen zu den ärmsten in Europa. Unser Reichtum könnte das milde Klima, die schöne Küste und das wildromantische Gebirge sein. Doch ist der Tourismus, im Gegensatz zu unseren Nachbarn im Osten und Süden, kaum von Bedeutung. Dabei bin ich gut erreichbar, da die Küste Italiens nur durch eine 7 km breite Meeresstraße von mir entfernt ist.

Südeuropa

Räumliche Orientierung

Zwischen drei Kontinenten. Vorbei am Torre de Belém (Turm von Belém), der VASCO DA GAMA bereits den Weg wies, verlassen wir Lissabon.
Unser Schiff erreicht die Straße von Gibraltar. Europa und Afrika liegen nur 14 km auseinander. Später tauchen nacheinander die Mittelmeerinseln der Balearen, sowie Sardinien, Sizilien und Malta auf. Jenseits der Straße von Sizilien erreichen wir das Ionische Meer. Am Peloponnes und der Insel Kreta vorbeifahrend, gelangen wir schließlich in das Ägäische Meer. Die griechische Inselwelt der Kykladen umgibt uns. Das erfordert die besondere Aufmerksamkeit des Steuermanns.
Unsere Route führt in Richtung Schwarzes Meer. Abermals müssen wir eine Meerenge passieren, die rund ein bis sieben km breiten Dardanellen. Dann öffnet sich das Marmarameer und wir erreichen Istanbul.
In ihrer langen Geschichte besaß die Stadt klangvolle Namen wie Byzanz und Konstantinopel. Es ist die einzige Stadt der Erde, die auf zwei Kontinenten, Europa und Asien, liegt.

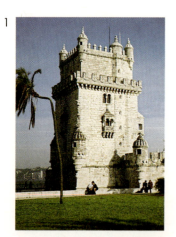

Die Wurzeln der europäischen Kultur liegen im Mittelmeerraum.
Schon bevor unsere Zeitrechnung begann, entwickelten sich hier große Reiche und blühende Kulturen.
Auf die Reiche der Pharaonen, der Kreter, Phönizier, Etrusker, Griechen und Römer folgte das Osmanische Reich.
Griechische, römische und arabische Wissenschaftler und Künstler begründeten die Kultur des Abendlandes.
Von Südeuropa aus verbreitete sich das Christentum im übrigen Europa und in der Welt. Rom und Konstantinopel waren dessen Mittelpunkte. Als das Römische Reich zerbrach, breitete sich der Islam über Kleinasien und Konstantinopel bis nach Südosteuropa sowie über Nordafrika bis zu den Pyrenäen aus.

Wiege der Olympischen Spiele

Alle vier Jahre findet in Olympia ein besonderes Schauspiel statt: Ein Mädchen übergibt einem knienden Jungen eine brennende Fackel. Dieses „olympische Feuer" wird seit 1894 alle vier Jahre von einer Stafette von Läufern zum Austragungsort der neuzeitlichen Olympischen Spiele getragen.
Die Olympischen Spiele des Altertums fanden spätestens seit 776 v. Chr. alle vier Jahre statt. Griechen versammelten sich in einem Stadion, das etwa 45 000 Zuschauer fasste. Die Athleten mussten sich in ihrer Heimat und 30 Tage im heiligen Hain von Olympia auf die Wettkämpfe vorbereiten.
Wettkämpfe fanden im Laufen, Fünfkampf, Boxen und Ringen statt. Im Hippodrom wurden Wagenrennen und Pferdeturniere durchgeführt. Die Olympischen Spiele wurden 393 n. Chr. vom oströmischen Kaiser THEODOSIUS verboten. Ihr heidnisches Brauchtum widersprach dem Christentum. Olympia verfiel.

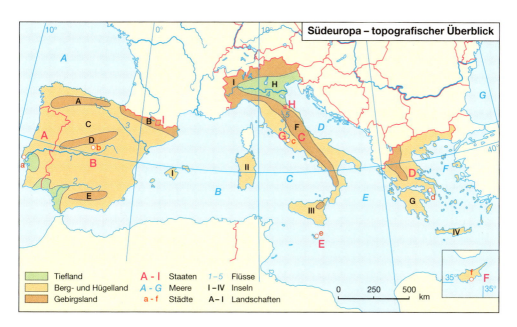

Südeuropa – topografischer Überblick

Südeuropa gliedert sich in drei große Halbinseln am Mittelmeer. Auf der Pyrenäen-Halbinsel liegen Portugal und Spanien, die Apenninen-Halbinsel wird von Italien eingenommen und im südlichen Teil der Balkan-Halbinsel befindet sich Griechenland. Diese Halbinseln sind so durch die hohen Gebirgsketten der Alpen und der Pyrenäen mit dem europäischen Festland verbunden.
Die Kleinstaaten Andorra, Vatikanstadt, Malta, San Marino und Zypern zählen ebenfalls zu Südeuropa.
Die zahlreiche Inseln des Mittelmeeres gehören zu verschiedenen Ländern. Das europäische Mittelmeer liegt zwischen drei Kontinenten. Schon im Römischen Reich wurde das Meer „mare mediterraneum", das „Meer in der Mitte der Erde" genannt. Diese Lagevorstellung entsprach dem damaligen Weltbild der Römer.
Heute ist das Meer ein Verkehrsraum, der nicht nur die Mittelmeerländer untereinander verbindet, sondern über die Straße von Gibraltar und den Suezkanal den Zugang zum Atlantischen Ozean und Indischen Ozean ermöglicht.

Staaten in Südeuropa

Land	Fläche (in km²)	Weltrang
GR	131 957	95.
I	301 302	69.
M	316	184.
P	92 389	111.
E	504 782	50.
AND	468	178.
CY	9 251	161.

Land	Einwohner (in 1 000)	Weltrang
GR	10 357	67.
I	57 121	20.
M	361	163.
P	9 841	75.
E	39 481	28.
AND	64	184.
CY	734	153.

① Vergleiche das Mittelmeer mit der Nordsee und der Ostsee. Stelle Gemeinsamkeiten und Unterschiede fest.

② Beschreibe die Lage und Gestalt der südeuropäischen Halbinseln.

③ Informiere dich über die territoriale Ausdehung des Reiches ALEXANDER DES GROßEN, des Römischen Reiches und des Islam in Europa.
Benutze einen Geschichtsatlas oder ein Lexikon.

④ Begründe, warum einige europäische Mittelmeerländer nicht zu Südeuropa gerechnet werden.

1 Lissabon: Torre de Belém
2 Olympia: Heratempel

Klima am Mittelmeer – Mittelmeerklima

Antwort eines Urlaubers auf die Frage, warum er Jahr für Jahr nach Spanien fährt: „Ich habe ein kleines Geschäft und kann nur im Juli 14 Tage Urlaub in Anspruch nehmen. Ich liebe den Urlaub am Meer. An der Nord- oder Ostsee kann es zwei Wochen lang regnen. In Spanien weiß ich, dass es vielleicht mal ein Gewitter gibt, danach ist der Himmel wieder blau."

Toskana im Schlamm
Erneut hat eine Hochwasserkatastrophe das Tal des Arno oberhalb Florenz heimgesucht. Die Schlammfluten wälzten sich meterhoch durch die Straßen der Innenstadt von Florenz. Das Hochwasser wurde durch tagelange Regenfälle ausgelöst. Hunderte von Dörfern waren abgeschnitten und Häuser stürzten ein.
(nach einer Zeitungsmeldung vom 8.11.1966)

Auf den Hochflächen Spaniens
Große Strecken von ihnen zeigen steppenartige Züge. Vor allem die La Mancha hat ein ausgesprochen kontinentales Klima. Im frühen Winter brausen kalte Stürme über die Hochfläche. Dagegen verschleiert im wolkenarmen, glühendheißen Sommer ein diesiger Hitzenebel, Calina genannt, die Sonne.
(nach H. LEHMANN)

Das Mittelmeerklima (subtropisches Klima) tritt in den Mittelmeerländern auf. Ein wesentliches Merkmal ist die Art der Verteilung der Niederschläge während des Jahresverlaufs. In den Monaten Juni, Juli und August fallen fast keine Niederschläge. Nur selten fällt heftiger Gewitterregen. Dagegen regnet es in den Wintermonaten häufig und oft auch stark. Das Mittelmeerklima ist ein Winterregenklima.

Überall herrscht im Sommer beträchtliche Hitze. Die Sonne steht um die Mittagszeit hoch am Himmel und scheint fast immer an einem wolkenlosen Himmel.

Die Luftfeuchtigkeit ist gering. Die trockene Luft macht die Hitze leichter erträglich. In den Städten und Dörfern sind die Häuser eng aneinander gebaut, sodass schmale und schattige Gassen entstanden. Die Fußböden in den Wohnungen wurden mit Steinplatten oder mit Fliesen belegt. Manche Fenster haben Blendladen, die man tagsüber geschlossen hält. In der Tageshitze verlassen die Bewohner nur ungern die Häuser. Erst in der Abendkühle erwacht in den Dörfern und Städten das Leben.

Die kleineren Flüsse trocknen gegen Ende des Sommers völlig aus. Größere Flüsse führen nur noch wenig Wasser. Der Boden trocknet aus, er wird steinhart und rissig. Der Wind wirbelt den Staub auf und überzieht die Pflanzen mit einem grauen Schleier. Im Winter führen die Flüsse viel Wasser. Nach Starkregen treten sie über die Ufer und überschwemmen die Talauen. Zeitiger als in Mitteleuropa beginnt der Frühling. Dann blühen Blumen und Sträucher in den Gärten. Aber schon im Mai setzt die sommerliche Hitze ein. Somit kennzeichnen das Mittelmeerklima sehr warme bis heiße, trockene Sommer und milde, feuchte Winter.

Trotz der einheitlichen Merkmale des Klimas kommt es zu erheblichen Abwandlungen.

Von Westen nach Osten wird das Klima kontinentaler, die Niederschläge nehmen ab und die Temperaturunterschiede zwischen Sommer und Winter werden größer. Desgleichen nehmen die Trockenheit und die Temperatur nach Süden zu. Schneefall oder andauernder Frost kommen nach Süden immer seltener vor. Fröste und Schneefälle treten aber in den Höhenlagen der Gebirge auf. Die Niederschläge werden reichlicher und fallen in den Hochlagen auch in den Sommermonaten. Das Klima ähnelt dem Übergangsklima in Mitteleuropa.

Ein anderes Klima kennzeichnet die Hochflächenlandschaften (Meseta) in Spanien. Die meeresferne und hohe Lage des Kastilischen Hochlandes bedingt auch im Winter wenig Niederschlag und geringere Temperaturen. Nur in den Randgebirgen, die die Regenwolken abhalten, fällt dann Schnee.

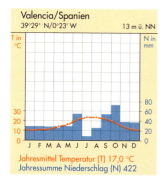
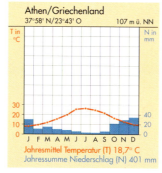
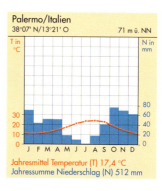

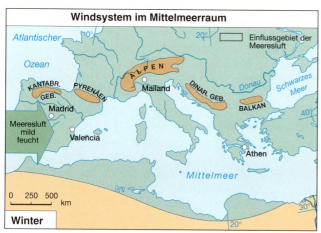
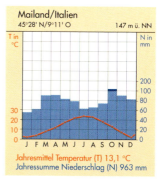

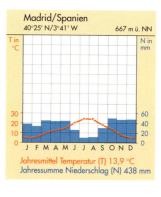

① Ermittle am Beispiel des Klimadiagramms von Palermo die Merkmale des Mittelmeerklimas.

② Erläutere den Einfluss der Windsysteme auf den Jahresgang der Temperatur und des Niederschlags anhand oben stehender Karten.

③ Beschreibe Unterschiede des Klimas im Mittelmeerraum zwischen Norden und Süden sowie Westen und Osten.

④ Warum hat das Hochland von Kastilien kein Mittelmeerklima?

Pflanzen sind angepasst – Hartlaubvegetation

Die Pflanzenwelt des Mittelmeerraumes ist sehr reichhaltig. Hier wachsen über 10 000 Pflanzenarten. Das entspricht etwa dem Fünffachen der Pflanzenarten Mitteleuropas. Die Mittelmeervegetation ist aber, wie das Mittelmeerklima, auf die Gebiete in Meeresnähe beschränkt. Zur vollen Entfaltung kommt sie auf Sizilien und in Griechenland.

Der Hartlaubwald war ursprünglich weit verbreitet, aber schon im Altertum wurde er durch Rodung in den Niederungen und an den Hängen der Bergländer sowie durch Raubwirtschaft zum Zwecke der Brenn- und Nutzholzgewinnung weitgehend vernichtet. Statt dessen wächst nun an den unteren Berglehnen ein stacheliges, undurchdringliches, bis zu zwei Meter hohes Gestrüpp, die Macchie.

Ölbaum und Weinrebe sind die Gewächse, die den gesamten Mittelmeerraum kennzeichnen. Aus den Früchten des Ölbaumes, den Oliven, gewinnt man wertvolles Öl, das zu allen Mahlzeiten verwendet wird. Auch der Feigenbaum steht in fast allen Gärten und Edelkastanien bilden oft ganze Wälder. Schlanke Zypressen und Pinien mit breiten, schirmartigen Kronen begegnen uns überall.

In klimatisch besonders begünstigten Gebieten gedeihen die Agrumen, die „Südfrüchte" Orangen und Zitronen. Die Früchte sind durch ihre dicke Schale gegen Austrocknung geschützt. Die weiche Außenrinde der immergrünen Korkeiche kann im Abstand mehrerer Jahre geschält werden. Der abgelöste Kork wird zur Herstellung von Flaschenverschlüssen und Fußbodenbelägen verwendet.

1

FEDERICO, ein Süditaliener, berichtet: „Ich bin in Lukanien groß geworden, d. h. Waldland. So lange ich denken kann, hat es hier aber keinen Wald gegeben. Mein Dorf Grassano in der Nähe von Taranto liegt wie ein weißer Fleck auf dem Gipfel eines hohen kahlen Hügels. An den Hängen bilden vereinzelte Flecken von Hartlaubgewächsen grüne Farbtupfer. Beim näheren Ansehen erweisen sie sich als dornenreiches Gestrüpp. Es wird Macchie genannt. Im Frühjahr blühen die Sträucher in den schönsten Farben, im Sommer riecht es nach Lavendel, Lorbeer, Thymian und Rosmarin."

„Was uns am fremdartigsten berührt, wenn wir die Alpen, oder noch mehr, wenn wir den Apennin überschritten haben, was den Hauptreiz der Natur für uns Mitteleuropäer ausmacht, das ist vor allem diese Mittelmeervegetation, die so ganz von der heimatlichen abweicht; denn wie durch Zauberschlag öffnet sich die Fülle des Südens.

Wenn im Herbst die Regen begonnen haben, sprießen die Stauden und Gräser und bedecken den Boden mit einem grünen Schimmer. Der milde Winter unterbricht ihr Wachstum kaum, nur wird ihre Entwicklung mit sinkender Temperatur verlangsamt, um dann im Frühjahr wieder ein schnelleres Tempo einzuschlagen. Dann, im April und Mai, ist die Pflanzenwelt auf dem Höhepunkt ihrer Entwicklung angelangt; ein prächtiger Blütenflor schmückt die grünenden Auen. Aber wenn die Sommerdürre vorschreitet, sinken die zarten Stauden und das Gras dahin, verdorren zu natürlichem Heu. Die Holzpflanzen dagegen, die Bäume und Sträucher, haben am Mittelmeer keine Ruhepause, sie sind zumeist immergrün. Dieses immergrüne Laub aber muss gegen die starke Verdunstung während der Sommerdürre geschützt sein; es besitzt daher eine starre, dunkelgrüne, oft metallisch glänzende Oberhaut; es sind Hartlaubgewächse."

(A. PHILIPPSON, Leipzig/Berlin 1914)

Anpassung der Pflanzen an die Sommertrockenheit

Schutzvorrichtungen:
- Die Blätter sind hart, lederartig und ziemlich dick. In diesem harten und dicken Laub sind die winzigen Öffnungen, durch die die Pflanze Feuchtigkeit durch Verdunsten abgibt, tief eingesenkt. Auf diese Weise wird der Wasserverlust eingeschränkt.

- An vielen Bäumen und Sträuchern sind die Blätter klein. Von kleinen Blattoberflächen kann nur wenig Wasser verdunsten.
- Manche Bäume oder Sträucher haben Blätter mit wachsartigem spiegelndem Überzug. Er wirft das Sonnenlicht zurück, sodass sich die Blätter nicht so stark erwärmen können. Dadurch wird die Wasserabgabe verringert.
- Bäume haben eine verdickte Borke, wie die Korkeiche oder der Ölbaum, um das Wasser im Stamm vor dem Verdunsten zu schützen.
- Durch starke Behaarung der Blätter, durch die deren silbrige Färbung zustande kommt, wird ein Luftpolster über der Blattoberfläche gebildet.

Speichervorrichtungen:
- Stauden haben unterirdische Knollen, Zwiebeln oder Wurzeln, in denen sie Nährstoffe speichern. Damit können sie bei ausreichender Feuchtigkeit im Frühherbst oder ausreichender Wärme im zeitigen Frühjahr sofort neue Stängel, Blüten und Blätter treiben.
- Vor allem Gräser, aber auch Kräuter und selbstverständlich Bäume und Sträucher entwickeln tief reichende Wurzeln (Ölbaum bis 6 m Tiefe), um auch während der Trockenzeit im Sommer das Grundwasser zu erreichen.

① Stelle in einem Diagramm den Zusammenhang zwischen Wachstum, Temperatur- und Niederschlagsverlauf während eines Jahres dar.

1 Blühende Macchie
2 Lorbeerblatt
3 Zypressen (außen) und Pinien (Mitte)
4 Korkeiche

Eine Ernte in zwei Jahren – Zweifelderwirtschaft

Im Hochland von Kastilien wenden die Bauern zwei Formen des Feldbaus an, den Anbau einjähriger Kulturen und den Anbau mehrjähriger Baum- und Strauchkulturen. In beiden Fällen werden nur die natürlich fallenden Niederschläge genutzt. Man spricht deshalb vom Regenfeldbau. Einjährige Kulturen sind Getreidearten, wie Winterweizen oder Wintergerste. Wegen des geringen Niederschlags muss der Regenfeldbau als Zweifelderwirtschaft betrieben werden. Der Ertrag eines Feldes ist deshalb gering.

Der Regenfeldbau mit mehrjährigen Kulturen ist auf Pflanzen angewiesen, die mit ihren Wurzeln das mehrere Meter tief liegende Grundwasser nutzen können. Diese Anforderungen erfüllen Ölbaum und Weinrebe. Ölbaumhaine und Rebkulturen bestimmen in Neukastilien die Bodennutzung. Die Bauern roden aber auch die Ölbaumkulturen und bauen Sonnenblumen an, weil bei geringerem Arbeitsaufwand höhere Gewinne möglich sind.

Meseta (vom lateinischen mensa – Tisch) ist die spanische Bezeichnung für die fast tischebene Hochflächenlandschaft der Pyrenäen-Halbinsel.

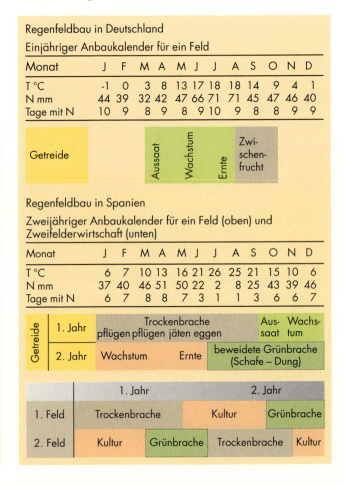

① Beschreibe anhand einer Atlaskarte die Bodennutzung im Hochland von Kastilien.

② Erläutere den Arbeitskalender eines Bauern im Hochland von Kastilien, der Getreide anbaut.

③ Erkläre die Bezeichnung extensiver Feldbau.

④ Skizziere den Arbeitskalender eines Bauern, der Baum- und Strauchkulturen unterhält.

1 Trockenbrache
2 Weizenfeld
3 Ölbaumpflanzung
4 Weinanbau

Bewässerungsfeldbau – eine Antwort auf die Trockenheit

Huertas, Gärten, nennen Spanier die Gebiete des Bewässerungsfeldbaus. Sie liegen im schmalen Küstentiefland am Mittelmeer, im Ebrobecken, in anderen Beckenlandschaften und Flusstälern. Die Bewässerung erfordert ebenes Gelände.

Der Bewässerungsfeldbau ist ein intensiver Anbau wie in einem Garten. Auf kleinen Flächen werden hohe Erträge erzielt. Auf der gleichen Parzelle sind zwei bis drei Ernten im Jahr möglich. Der Anbau erfordert hohen Arbeitsaufwand und Kapital zur Unterhaltung der kostspieligen Bewässerungsanlagen.

Als Bewässerungstechnik wird noch immer die Kanalbewässerung angewendet. Da Grundwasservorkommen gering sind, werden die Niederschläge des Winters in Staubecken an den Ober- und Mittelläufen der Flüsse gesammelt. In den Sommermonaten leiten offene Kanäle und Rohrleitungen das Wasser zu den Feldern.

Heute arbeitet man insbesondere im neu erschlossenen Kulturland überwiegend mit der Wasser sparenden Methode der Tröpfchenbewässerung.

Früher diente der Feldbau vor allem der Selbstversorgung der Bauern und zur Versorgung der Bevölkerung in den Huertastädten, Valencia, Murcia oder Almeria. Deshalb wurden Getreide, auch Reis, und Gemüse angebaut.

Heute überwiegt der Gemüse- und Obstanbau mit vielfältigen Fruchtfolgen und hohen Erträgen. Der Anbau für den Export hat die Selbstversorgungswirtschaft fast verdrängt.

Seit dem Beitritt Spaniens zur Europäischen Gemeinschaft nimmt der Anteil des Gemüseanbaus in Gewächshäusern ständig zu. Durch die Sonneneinstrahlung müssen diese Treibhäuser auch im Winter nicht beheizt werden. So können Tomaten, Gurken und Paprika ganzjährig auf dem europäischen Markt angeboten werden.

Zitrusfrüchte, eine Sammelbezeichnung für Grapefruit (besonders im Süden der USA und in Westindien), Pampelmuse, Mandarine (vor allem in Südeuropa und auf den Sundainseln), Klementine (kernlose Kultursorte der Mandarine), Zitronat-Zitrone (vor allem in Spanien und Italien), Zitrone, Limonelle, Apfelsine, Orange, Pomeranze; Zitrus bedeutet in der lateinischen Sprache Zitronenbaum. Die Heimat der Zitruspflanzen ist Südostasien und Südchina. Heute wird eine Vielzahl von Sorten in allen subtropischen Gebieten angebaut.

Apfelsine, aus dem niederländischen Wort „appelsien" gebildet, was „Apfel aus China" bedeutet. Die Apfelsine gelangte wahrscheinlich erst im 16. Jh durch portugiesische Seefahrer aus Hinterindien nach Südeuropa.

„Buenos dias, compañeros! Ich bin José – fest angestellter Facharbeiter der Huerta von Murcia!
Da hatte ich Glück, denn hier arbeiten auch rund 900 Saisonarbeiter von September bis März. Ihr habt richtig gelesen, Erntezeit werden immer mehr der Herbst und Winter. Das bringt große Vorteile für den Absatz unserer Produkte auf dem EU-Markt.
Wie wir das machen? Gewächshäuser und Plastikfolien sind der Trick. Warum sollen wir die Wintersonne nicht nutzen? Das Einzige, was rar ist und bleibt, ist Wasser. Ständig werden neue Bewässerungskanäle gezogen. Jetzt haben wir sogar die Tropfbewässerung. Das spart viel Wasser. Zur Zeit sehe ich nur noch Tomaten vor meinen Augen, 500 ha Wintertomaten. Das heißt: pflanzen, spritzen, bewässern, Unkraut jäten."

Bewässerungsfeldbau in Spanien
Anbaukalender für ein Feld

Monat	J	F	M	A	M	J	J	A	S	O	N	D
T °C	9	11	14	18	22	27	30	29	26	21	15	10
N mm	37	40	46	51	50	22	2	8	25	43	39	46
Tage mit N	6	7	8	8	7	3	1	1	3	6	6	7
Feldarbeiten	PA	J	EPA	J	EPA	J	EPA	J	EPA	J	EPA	JE
Fruchtfolge	Blattgemüse		Paprika		Bohnen			Tomaten			Zwiebeln	
Bewässerung	↑	↑	↑	↑	↑		↑	↑		↑		↑

← stärkere Wassergabe P: pflügen E: ernten
⇠ geringere Wassergabe A: säen, pflanzen J: jäten

Zitrone, aus Hinterindien gelangte die Pflanze nach China und Japan, im 8. Jh. über Indien nach Persien, von dort aus durch die Araber bis nach Marokko und Spanien. Kreuzfahrer brachten die Zitrone im 11. Jh. aus Palästina nach Italien. Seit dem 14. Jh. wurde die Frucht auch nördlich der Alpen gehandelt. Eine besondere Bedeutung erhält die Zitrone durch ihren hohen Gehalt an Vitamin C. Seefahrer wendeten sie als Vorbeugungsmittel gegen Skorbut an.

① Beschreibe anhand der obigen Tabelle den Anbaukalender für ein Feld.
② Inwiefern sind die Huertas ein Beispiel für einen besonders starken Eingriff des Menschen in die Natur?
③ Skizziere in einer Umrisskarte die Ausbreitung von Zitrusfrüchten über die Erde.

1 Bewässerungskanal bei Murcia
2 Foliengewächshäuser bei Almeria

Vulkane und Erdbebengebiete

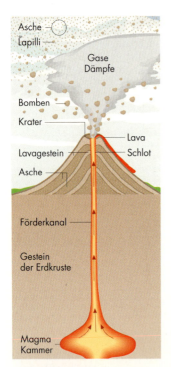

Viele Vulkane ähneln sich im Aufbau. An ihrer Spitze befindet sich eine trichterförmige Vertiefung. In diese mündet eine bis in große Tiefe reichende Röhre, der Schlot. Durch den Schlot steigt heißes, zähflüssiges Gestein, das Magma, aus der tiefen Erdkruste bis an die Erdoberfläche. Es wird von Gasen emporgetrieben, die im Magma enthalten sind. Wenn aber der Schlot vom aufsteigenden Magma verstopft wird, staut sich das Gas im Inneren. Unter hohem Druck dringt es explosionsartig an die Erdoberfläche, dabei werden größere und kleinere Gesteinsbrocken (Bomben bzw. Lapilli) emporgeschleudert und Magma wird zu feiner Asche zerstäubt. Glutflüssiges Magma gelangt als Lava über den Kraterrand. Nach einiger Zeit erkaltet die Lava und erstarrt.
Die Kegel von Ätna und Vesuv sind aus Lava- und Ascheschichten aufgebaut. Es sind Schichtvulkane.

Bericht aus dem Jahr 1979 vom Ätna: Eine plötzliche Explosion ließ uns erschreckt zusammenfahren. Alle Blicke richteten sich auf den Berg. Ein Schauspiel besonderer Art begann. Es „regnete" zunächst Steine unterschiedlicher Größe. Eine riesige Aschewolke wurde hoch geschleudert und fiel auf Felder und Städte nieder. Plötzlich taten sich in rund 2 900 m Höhe Spalten auf, aus denen Feuerzungen den Berg hinabkrochen. Doch die eigentliche Gefahr kam danach.
Viel tiefer, nur 1500 m über dem Meeresspiegel, brach eine neue Erdspalte auf, aus der ein glühender Lavastrom talwärts quoll. Die Hitze, die dieser 1000 °C heiße Strom verbreitete, war unerträglich.
Mit einer Geschwindigkeit von 8 km in nur 5 Stunden wälzte sich diese Feuerraupe auf die Siedlungen zu. Hilflos mussten die Bauern zusehen, wie die Früchte ihrer Arbeit vernichtet wurden.

Erdbeben treten meist überraschend in Sekundenschnelle auf. Bis es in Erdbebengebieten zu einem erneuten Erdstoß kommt, können viele Jahre vergehen, denn die auslösenden Veränderungen in der Erdkruste laufen nur sehr langsam ab.

Erdbeben entstehen, wenn sich Gesteinsschollen gegeneinander verschieben. Die auftretende Reibung führt zu Spannungen im Gestein. Wenn diese zu groß werden, schnellen die Gesteinsschollen ruckartig in eine neue Lage. Vom Spannungsherd in der Erdkruste breiten sich dabei Erschütterungen wellenartig aus. Sie können bei starken Erdbeben um die Erde herumlaufen. Gelangen die Erdbebenwellen an die Erdoberfläche, so verursachen sie starke Zerstörungen.

Lissabon, 1.11.1755: Da begann plötzlich etwas Unfassbares. Alle Einwohner spürten mit einem Mal starke Schwankungen, die sich mehrfach wiederholten.
Nach einer Minute wurden die Schwankungen von Erdstößen abgelöst. Man hörte Donnergrollen, und über der Stadt erschienen Staubwolken, die von einstürzenden Gebäuden aufgewirbelt wurden. Im nächsten Augenblick wandelten sich die Erdstöße in wellenartige Bodenschwankungen. Noch heil gebliebene Häuser stürzten zusammen.

Folgenreiche Erdbeben in Südeuropa

Jahr	Ort/Staat	Todesopfer
856	Korinth/GR	4 500
1531	Lissabon/P	30 000
1693	Catania/I	60 000
1755	Lissabon/P	60 000
1908	Messina/I	85 000
1976	Friaul/I	1 100
1980	Süditalien	4 000

Mögliche Auswirkungen von Erdbeben sind:
– Bodenversetzungen und -spalten
– Bergstürze
– Brüche an Versorgungsleitungen von Öl, Gas, Wasser, Telefon
– Feuerbrünste
– Beschädigung und Zerstörung von Gebäuden
– Flutwellen

① Beschreibe anhand einer Atlaskarte die Verbreitung von Vulkanen und Erdbebenzentren in Europa.
② Erkläre den Aufbau und die Entstehung eines Schichtvulkans.
③ Versuche die Entstehung eines Erdbebens mit einem Experiment zu veranschaulichen.

1 Hauptkrater des Ätna
2 Lavastrom
3 Erdbebenschäden
4 Wiederaufgebaute Altstadt Lissabons

Italien – Industrieland mit zwei Gesichtern

Den Norden Italiens kennzeichnen Industriegebiete und eine leistungsfähige Landwirtschaft.

Am Südrand der Alpen und am Nordrand der Apenninen ballen sich die Industriestandorte. Allein im Städtedreieck Mailand-Genua-Turin wird die Hälfte der Industrieproduktion Italiens erzielt. Weitere Industriestädte sind die Städte Venedig und Bologna.

Mailand, die Hauptstadt der Lombardei und zweitgrößte Stadt Italiens, ist das wirtschaftliche Zentrum des Staates. Zahlreiche internationale Banken, Handelshäuser und Industriekonzerne sind in der Stadt angesiedelt.

In **Turin** hat der größte italienische Autohersteller Fiat seinen Stammsitz. In über 20 Betrieben werden Autos, Flugzeuge und Motoren hergestellt. Hinzu kommen die Lancia-Werke. Der Computer- und Büromaschinenhersteller Olivetti und der Spirituosenfabrikant Vermouth di Torento (Cinzano, Martini) sind ebenfalls weltbekannt. Den Kernraum des industrialisierten Nordens stellt die Poebene dar. Sie ist seit Jahrtausenden ein Durchgangsland von Süden nach Norden und von Osten nach Westen. Eine Kette von Städten begleitet im Süden wie im Norden den Rand der Gebirge. Dagegen entstanden am Po wegen der Überschwemmungsgefahr nur an wenigen Übergangsstellen große Siedlungen. Die meisten Städte gründeten die Römer.

Gunstfaktoren der Raumentwicklung

Verkehr
- ebenes Durchgangsland zwischen Alpen und Apenninen
- Schnittpunkt des westlichen und mittleren Europas mit Nordafrika und Westasien
- seit dem Mittelalter Ausbau der Verkehrswege und Häfen
- Pässe und Tunnel in den Gebirgen

Historische Ursachen aus der Zeit des Mittelalters
- Mittlerrolle der Städte im Fernhandel zwischen Orient und Europa
- Entwicklung der Städte zu mächtigen Handelsmetropolen
- Herausbildung eines hoch entwickelten Handwerks

Faktoren im Industriezeitalter
- hohe Bevölkerungsdichte zu Beginn der Industrialisierung: ausgebildete Arbeitskräfte, Nachfrage nach Industriewaren, Kaufkraft
- frühe Mitgliedschaft in der Europäischen Gemeinschaft

Energieversorgung
- Hydroenergie in den Gebirgen
- Erdöl- und Erdgasimport zu den nahen Häfen

Landwirtschaft
- ertragreicher Regen- und Bewässerungsfeldbau
- überwiegend mittelgroße Betriebe

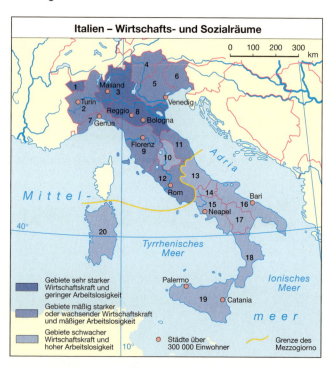

Italien – Wirtschafts- und Sozialräume

Das Mezzogiorno (ital. Mittag, Süden), der arme Süden Italiens beginnt südlich von Rom. Dieser Landesteil Italiens ist bisher wenig industrialisiert. Arbeitslosigkeit und Armut kennzeichnen die sozialen Verhältnisse. Der führende Wirtschaftszweig ist die Landwirtschaft.

Der Regenfeldbau bringt jedoch geringe Erträge. Die Hektarerträge für Weizen liegen um die Hälfte niedriger als im Norden. Bewässerungsland ist, abgesehen von Sizilien, knapp.

Landflucht ist seit etwa 100 Jahren die Antwort der Süditaliener auf den Bevölkerungsdruck.

Sie wanderten nach Südamerika, in die USA und seit den 60er-Jahren auch nach Deutschland aus.

Zugleich erfolgte eine Binnenwanderung von über 4 Mio. Menschen in die Tourismusgebiete an der Küste und in das industrialisierte Norditalien. Es waren vorwiegend jüngere, handwerklich ausgebildete Personen, die ihre Heimat verließen.

Die Industrialisierung setzte vor rund 100 Jahren im Raum Neapel ein.

Seit über 30 Jahren fördert die Regierung die Ansiedlung von Industriebetrieben. In den süditalienischen Hafenstädten entstanden neben Hüttenwerken Standorte der Erdöl verarbeitenden Industrie.

Ungunstfaktoren der Raumentwicklung

Landesnatur
- über 80 % Gebirgsland
- zum Teil entwaldete Kalkgebirge, Verkarstung und Bodenerosion
- Starkregen im Winter führen zu Hochwasser mit Schlamm- und Geröllströmen
- lange heiße und trockene Sommer, im Winter insgesamt mäßiger Niederschlag

Historische Kräfte aus der Zeit des Mittelalters
- Süditalien ist Bollwerk des christlichen Spanien gegen die islamische Türkei
- Raubwirtschaft in den Wäldern für den Flottenbau der Spanier
- hohe Abgaben der Bauern an Spanien
- Verfestigung der Latifundienwirtschaft durch Spanien

Faktoren im Industriezeitalter
- geringe Bevölkerungsdichte, bis auf wenige große Städte kein bedeutender Absatzmarkt
- Lage am Rande Europas

Landwirtschaft
- Latifundienwirtschaft mit extensiver Bodennutzung oder Halbpacht und Unterverpachtung, geringe Erträge
- Realerbteilung und Kleinbetriebe mit geringen Erträgen
- Regenfeldbau mit häufigen dürrebedingten Missernten

1 Straße in Reggio (Kalabrien)

① Nenne Städtereihen an den Gebirgsrändern der Poebene und den Apenninen an.
② Fertige eine Kartenskizze der Pässe in den Alpen
③ Stelle Ursachen der Industrialisierung in Norditalien in einem Pfeildiagramm dar.

Massentourismus am Mittelmeer

Welttourismus

Jahr	Auslands-touristen (in Mio.)	Geldaus-gaben (in Md. $)
1985	328	116
1990	456	261
1995	567	373

Deutsche Reiseausgaben 1995 (umgerechnet in Md. Euro)

insgesamt	34,0
darunter in:	
Italien	5,0
Spanien	4,0
Griechenland	1,0
Portugal	0,5

Der Mittelmeerraum bleibt bis zum Jahr 2000 weltweit die Nummer 1 im Tourismus. Insgesamt 200 Mio. Besucher werden dann Strände und Hinterland des Mittelmeerraumes bevölkern. Hauptzielgebiete bleiben Spanien, Italien und Griechenland. Dennoch muss man in Südeuropa auf die Qualität dessen achten, was die Landschaften anbieten. Besondere Aufmerksamkeit verdient die Umwelt, denn die gewaltige Menge Touristen wird gemeinsam mit der ansässigen Bevölkerung und der Industrie die Umwelt stark beeinflussen. Die Verschmutzungsproblematik darf nicht unterschätzt werden.
(nach einem Zeitungsbericht 1993)

Veränderungen an der Costa Blanca. Bauer PEDRO LOPEZ aus Benidorm erinnert sich: „Damals in den 50er-Jahren bewirtschaftete ich noch meine Huerta. Reichte das Wasser zur Bewässerung, so hatten wir genug zum Leben. Mein Bruder JUAN gehörte zu den etwa 450 Fischern. Deren Verdienst war noch ungewisser. Sie wohnten alle im Dorf an der kleinen Bucht.
Dann kamen Fremde in unsere Gegend. Wir verkauften ihnen Land, und sie bauten kleine Hotels und Pensionen. JUAN arbeitete nun bei einer Baufirma. Er verdiente gut. Fremde kamen im Sommer nach Benidorm. Von Jahr zu Jahr wurden es mehr. Nach der Fertigstellung der Küstenautobahn kamen die Autotouristen. Um deren Erwartungen zufriedenzustellen, legten geschäftstüchtige Leute aus Alicante und Ausländer Tennis-, Reit- und Golfplätze an. Gaststätten, Tanzbars, Diskotheken und Bowlingbahnen wurden eingerichtet. Die meisten der etwa 3 000 Benidormer waren froh über die Veränderungen. Sie hatten nun Arbeit. Meine Tochter CRISTINA bedient seitdem in einem Restaurant. Aus den Dörfern im Hinterland kamen die Leute. Alle fanden sie Arbeit, z. B. in Banken, Läden und Autovermietungen und die Handwerker hatten auch zu tun. Bald lebten in den Dörfern nur die Alten. Die Felder verkamen. Die Lebensmittel für Benidorm wurden mit Lkw herangefahren.
Dann wurde in Alicante ein Flugplatz gebaut. Nun schienen alle Dämme zu brechen. Das Bauland wurde knapp, also baute man in die Höhe. Sehen Sie sich die Bettenburgen an. Bald hatte Benidorm 30 000 Einwohner und jedes Jahr kommen weit über 1 Million Fremde. Was ist aus unserem beschaulichen Benidorm geworden?"

Befragung von Bürgermeistern im Hinterland von Benidorm: „Den Bauern ging es schlecht. Benidorm brachte vielen Arbeit. Aber bald lebten in unseren Dörfern nur noch Alte. Die Felder verkamen. Die Ackerterrassen an den Berghängen wurden nicht mehr ausgebessert. Der Boden konnte nun viel leichter abgeschwemmt werden.
Benidorm wurde mit Lkw versorgt. Unsere Bauern hatten gegen diese Billigangebote von Lebensmitteln keine Chance. Noch schlimmer wurde es, als das Grundwasser wegblieb, weil Benidorm immer mehr Wasser verbrauchte. Die Erträge auf unserem Bewässerungsland wurden immer geringer."

Der Bürgermeister von Benidorm berichtet: „Anfang der 80er-Jahre erlebte Benidorm eine Krise. Nahezu ungeordnet war gebaut worden. Die Regierung genehmigte großzügig alle Bauanträge und Landverkäufe an Ausländer. Man dachte nur an Arbeitsplätze. Dann brach immer häufiger die Wasserversorgung zusammen. Salzhaltiges Wasser drang in das Grundwasser. Die Wasserreserven in den Stauseen der Sierra reichten nicht. Aber es kam noch schlimmer: In Benidorm gab es keine Kläranlage. Das Infektionsrisiko beim Baden wuchs.
Endlich unternahm die Regierung etwas gegen den drohenden Niedergang. Es wurden Bauvorschriften erlassen.
Der Bau von Betonsilos war gebremst. Benidorm erhielt eine Kläranlage. Aufbereitetes Brauchwasser kann nun in die Huertas geleitet werden. Unsere Bauern können die Restaurants und Hotels mit frischem Gemüse und Fleisch versorgen."

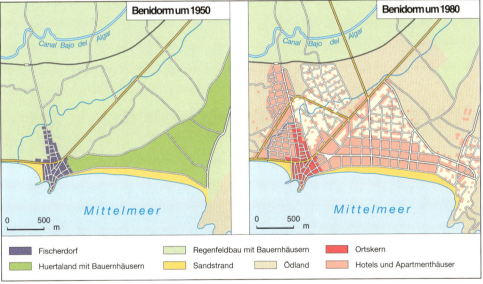

Fischerdorf	Regenfeldbau mit Bauernhäusern	Ortskern
Huertaland mit Bauernhäusern	Sandstrand	Hotels und Apartmenthäuser
	Ödland	

① Beschreibe das Leben im Dorf Benidorm um 1950.
② Erläutere Veränderungen in Benidorm seit den 60er-Jahren.
③ Stelle positive und negative Auswirkungen der Veränderungen in Benidorm auf das Hinterland gegenüber.
④ „Der Massentourismus zerstört sich selbst." Erörtert in der Klasse diese Behauptung.

1 Am Strand von Benidorm

Was weißt du über Südeuropa?

Bilder aus Südeuropa

1 Ordne die Bilder jeweils einem Land Südeuropas zu. Begründe deine Entscheidungen.
2 Nenne die Hauptstädte der Länder.
3 Beschreibe die Gestalt der Halbinseln, auf denen die Länder liegen.

Ein Silbenrätsel zur Topografie von Südeuropa

① In dieser Stadt gibt es zwei Regierungssitze.
② Inmitten des Staates liegt diese Hauptstadt.
③ Diese Hochfläche kommt einer Tischplatte gleich.
④ Die ebene Landschaft liegt zwischen zwei Gebirgen.
⑤ Diese Meerenge trennt Europa von Asien.
⑥ Viele Inseln gehören zum Territorium des Staates.
⑦ Der Vulkan ist tätig.
⑧ Diese Halbinsel ähnelt einem Stiefel.
⑨ Das Gebirge teilt den Staat.
⑩ So heißt Italiens größte Insel.

A – ÄT – BE – BIR – CHEN – DA – DAR – DE – DRID – E – EN – GE – GE – GRIE – HALB – IN – KAS – LAND – LEN – LI – LI – MA – ME – NA – NE – NEL – NEN – NI – PEN – PO – ROM – SCHEI – SCHES – SE – SEL – SI – TI – TA – ZI

Wer zeichnet gern?

① Zeichne aus dem Gedächtnis eine einfache topografische Karte des Mittelmeerraumes.
② Stelle in einer Folge von Skizzen die Entstehung eines Schichtvulkans dar.
③ Skizziere eine Charakterpflanze der Mittelmeervegetation.

Ordne richtig zu.

1 Po
2 Ebro
3 Lissabon
4 Balearen
5 Malta
6 Vesuv
7 Turin
8 Neapel
9 Athen
10 Huerta
11 Trockenbrache
12 Lava

a Vulkan
b Spanien
c Fluss
d Regenfeldbau
e Akropolis
f Mezzogiorno
g Portugal
h Bewässerungsfeldbau
i Vulkanausbruch
j Inselgruppe
k „Chicago Italiens"
l Inselstaat

Osteuropa

Räumliche Orientierung

Osteuropa umfasst mit rund 5 Mio. km² mehr als die Hälfte der Fläche Europas.

Von den Karpaten bis zum Ural, von der Halbinsel Kola bis zum Kaukasus dehnt sich über je 2500 km das weite Osteuropäische Tiefland aus. Große, teilweise versumpfte Niederungen und höher gelegene Landrücken und Platten gliedern es fast unmerklich. Die höchste Erhebung (463 m) wird im Timanrücken im Nordosten des Tieflandes erreicht.

Nur der nördliche Teil des Mittelrussischen Landrückens liegt in den Waldaihöhen (343 m) höher als 200 m. Hier entspringen viele russische Flüsse: Wolchow und Düna fließen der Ostsee zu, Dnjepr, Don und Donez münden in das Schwarze bzw. Asowsche Meer.

Die Wolga, Russlands größter Strom, nimmt, aus dem Uralgebiet kommend, die Kama auf und mündet in das Kaspische Meer. Die Kaspische Senke liegt unter Meeresspiegelniveau. Das Osteuropäische Tiefland ist überwiegend der Siedlungsraum ostslawischer Völker. Russland hat im Nordosten, in der Mitte und im Südosten den größten Anteil. Im Süden und Westen schließen sich die Ukraine und Weißrussland an. Die baltischen Staaten Litauen, Lettland und Estland sind Ostseeländer.

Land	Fläche (in km²)	Welt-rang
EST	45 227	130.
LV	30 355	138.
LT	65 300	121.
RUS	17 075 400	1.
UA	603 700	43.
BY	1 207 595	84.

Land	Einwohner (in 1 000)	Welt-rang
EST	1 487 000	143.
LV	2 516 000	133.
LT	3 715 000	120.
RUS	148 195 000	6.
UA	51 550 000	23.
BY	10 339 000	84.

Land	Bev.dichte (Einw./km²)	Welt-rang
EST	33,0	124.
LV	39,0	116.
LT	57,0	97.
RUS	8,7	169.
UA	85,0	75.
BY	50,0	105.

ALEXANDER VON HUMBOLDT reiste 1829 durch das Osteuropäische Tiefland. Die Reise begann am 12. April in Berlin. Am 1. Mai traf er in St. Petersburg ein. In drei Reisewagen fuhr man über Moskau, Kasan, Jekaterinburg bis zur Dsungarei. Zurück führte die Route durch die Kaspische Senke. Am 13. November 1829 wurde St. Petersburg und am 28. Dezember 1829 Berlin erreicht. Rund 15 000 km sind zurückgelegt, 658 Poststationen passiert, 12 244 Pferde vor die Wagen gespannt, 53 mal Flüsse, dabei zehnmal die Wolga, überschritten worden.

① Ermittle Entfernungen von Moskau zu Hauptstädten der Staaten Mittel- und Westeuropas.

② Ermittle die geografischen Koordinaten von Moskau. Vergleiche die Lage Moskaus mit a) der Lage von Berlin, b) der Lage der Hauptstadt deines Bundeslandes.

③ Vergleiche Flächengröße, Einwohnerzahl und Bevölkerungsdichte der Staaten Osteuropas und Mitteleuropas.

④ Stelle die statistischen Werte für die Staaten Osteuropas in Säulendiagrammen dar.

⑤ Schreibe die Meere auf, die an Osteuropa grenzen.

⑥ Beschreibe die topografische Lage der Staaten Osteuropas im Kontinent. Beachte auch Meere und Nachbarstaaten.

⑦ Beschreibe den vereinbarten Grenzverlauf Osteuropas innerhalb Russlands.

⑧ Erläutere Unterschiede der Oberflächengestalt zwischen Osteuropa und Mitteleuropa.

⑨ Der mittelalterliche Handelsweg von der Ostsee zum Schwarzen Meer nutzte die Wasserwege. Welchen Flussläufen könnte er gefolgt sein?

1 Im Osteuropäischen Tiefland

Landklima in Osteuropa

Im Osteuropäischen Tiefland herrscht das Kontinentalklima (Landklima) der gemäßigten Klimazone. Wegen der großen Entfernung zum Atlantik bringen die Westwinde wenig Luftfeuchtigkeit. Trotzdem bildet sich im Winter eine Schneedecke. Die Flüsse sind monatelang zugefroren. Die Winter werden von Südwesten nach Nordosten kälter, die Sommer von Norden nach Süden wärmer.

In Moskau schneit es häufig schon Anfang Oktober. Die Temperatur kann im Winter bis unter -40° C absinken. In nördlichen Gebieten kommt zur Kälte noch die Dunkelheit der Polarnacht hinzu. Im Süden beeinträchtigen Trockenperioden die Lebensbedingungen.

Dem Wandel des Klimas folgt die natürliche Vegetation von der Tundra im äußersten Norden über die Waldzone und Steppe bis zur Halbwüste im äußersten Südosten. In der Waldzone wächst im nördlichen Teil nur Nadelwald, im Westen und in einem schmaleren Streifen im südlichen Teil Laub- und Mischwald.

Luftfeuchtigkeit und Wolken

Bei der Erwärmung feuchter Oberflächen, wie der Meeresoberfläche, den Oberflächen von Flüssen oder Seen oder den Blattoberflächen der Pflanzen, verdunstet Wasser.
Verdunsten heißt: einzelne Wasserteilchen werden von der Luft aufgenommen. Dieses unsichtbare in der Luft enthaltene Wasser nennt man Wasserdampf.
Die Menge des Wasserdampfes in der Luft hängt von deren Temperatur ab. Es gilt: je wärmer die Luft, desto mehr Wasserdampf passt hinein. Kühlt die Luft ab, so verringert sich auch die Fähigkeit, Wasserdampf zu halten. Überschüssiger Wasserdampf wird zu Wassertröpfchen. Es bilden sich Wolken.

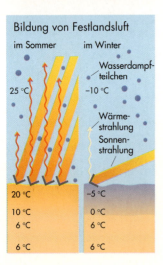

Bildung von Festlandsluft

Im nordrussischen Wald. Das Schiff verlässt Wologda um uns nach Archangelsk zu bringen. Die Fahrrinne der Suchona ist durch Stangen sorgfältig markiert. Feierliche Stille umgibt uns im Wald. Nur der Fluss ist belebt. Er ist die große Landstraße, im Sommer für Schiffe und Flöße, im Winter für Kraftfahrzeuge und Pferdeschlitten. In Kotlas erreichen wir die Dwina. Nun werden die Rodungen entlang der Ufer mit den lang gezogenen Zeilendörfern inmitten der Roggen-, Gerste- und Kartoffeläcker immer seltener. Wald, Wald, nichts als Wald, Fichten, Kiefern und Birken. Allein im osteuropäischen Russland umfasst dieser Nadelwald eine Fläche fast so groß wie Mitteleuropa.

Mit der Eisenbahn durch Mittelrussland. Auf einer Bahnfahrt von Berlin nach Moskau erreichen wir bei Smolensk den Mittelrussischen Landrücken.
Birkenwäldchen, aber vor allem Eichenmischwälder, Wiesen, auf denen Rinder und Pferde weiden, Äcker mit Roggen, Gerste, Hafer, Kartoffeln und Flachs ziehen am Abteilfenster vorüber. Das könnte auch die Niederlausitz sein, wenn nicht die russischen Dörfer wären. Gehöft reiht sich an Gehöft beiderseits der kilometerlangen Dorfstraße. Teilweise stehen noch die alten Blockhäuser. Ein Holzzaun schließt die kleinen Gemüsegärten gegen die Straße ab.

Ein Flug in den Südosten. „Steppe, nichts als Steppe rings umher!" heißt es im russischen Volkslied. Heute gibt es kaum noch natürliche Steppe in Russland. Ein Flug von Moskau nach Astrachan könnte die Vorstellungskraft anregen, die noch nicht in Ackerland umgewandelten Steppenreste zur Steppenzone zu fügen.
Wie in einem Park wechseln in der Waldsteppe Waldflecken und Grasfluren. Bei Woronesch erreichen wir die Federgrassteppe. Hoch wachsende Gräser und Kräuter bedecken den Boden. Jenseits der Wolga fliegen wir schon über der Halbwüste. Die Gräser wachsen nur noch in Horsten. Überall gibt der kahle und graue Boden der Landschaft ein abweisendes Aussehen.

1

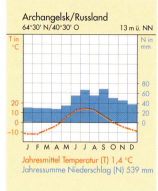

2

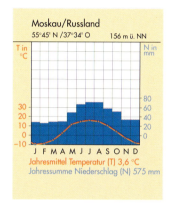

3

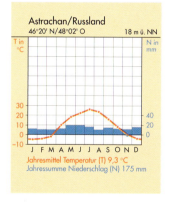

① Beschreibe anhand des Textes und der Bilder die Unterschiede der natürlichen Vegetation in Russland.

② Wie verändern sich Temperatur- und Niederschlagswerte in Osteuropa von Norden nach Süden?

③ Erkläre die vergleichsweise hohen Temperaturunterschiede zwischen Sommer und Winter und die geringen Jahresniederschläge in Osteuropa.

1 In der Tundra
2 In Mittelrussland
3 In der Steppe

131

Die baltischen Staaten

Die baltischen Länder liegen in der hügeligen und von Seen durchsetzten Moränenlandschaft des Baltischen Landrückens, der von Jütland aus die Ostsee im großen Bogen bis zum Finnischen Meerbusen begleitet. Finnischer und Rigaischer Meerbusen frieren im Winter zu, die Flüsse und Seen tragen bis in den April eine Eisdecke.

Die baltischen Völker lebten mehrere Jahrhunderte lang unter der wechselnden Herrschaft schwedischer und russischer Fürstenhäuser, Lettland auch unter deutscher und polnischer Herrschaft.

Das Großfürstentum Litauen bildete mit dem Königreich Polen vom 14. Jh. bis zum 18. Jh. ein Doppelreich. 1918 erlangten die baltischen Völker ihre politische Selbstständigkeit. Bereits 1940 eignete sich die Sowjetunion die baltischen Staaten gewaltsam an. Mit dem Zusammenbruch der Sowjetunion konnten die baltischen Völker 1991 erneut ihre Unabhängigkeit erringen.

Zwischen den baltischen Staaten und der Europäischen Union (EU) wurden Europaabkommen geschlossen. Sie sehen politische, wirtschaftliche und kulturelle Zusammenarbeit sowie den Beitritt zur EU vor.

Die Landwirtschaft bildet eine bedeutende Erwerbsquelle. Angebaut werden unter anderem: Kartoffeln, Flachs, Roggen und Hafer. Im Süden von Lettland und vor allem in Litauen gibt es Lehmböden, die Weizenanbau ermöglichen. Die Viehwirtschaft hat im Baltikum einen großen Anteil an der landwirtschaftlichen Produktion. Rinder- und Schweinezucht sind in Lettland und Litauen, Milchviehhaltung in Litauen, wo 17% der Landwirtschaftsfläche als Weideland genutzt werden, bedeutend.

Die Industrie ist in den baltischen Staaten ebenfalls gut entwickelt. Standortgruppierungen von Betrieben des Maschinenbaus, der Textilindustrie, des Eisenbahn- und Waggonbaus, der Elektroindustrie und Holzverarbeitung befinden sich in den wenigen größeren Städten, vor allem in den Haupt- und Hafenstädten.

Bevölkerung (in %)

Land	Volk	%
Estland:	Esten	65
	Russen	29
	Ukrainer	3
	Sonstige	3
Lettland:	Letten	57
	Russen	30
	Weißrussen	4
	Ukrainer	3
	Polen	3
	sonstige	3
Litauen:	Litauer	81
	Russen	9
	Polen	7
	Sonstige	3

Religion

Estland:	über 60% Lutheraner, Russisch-Orthodoxe, Katholiken, Muslime
Lettland:	55% Lutheraner, 24% Katholiken, 9% Russisch-Orthodoxe
Litauen:	80% Katholiken; Minderheiten von Russisch-Orthodoxen, Lutheranern

Flächennutzung (in % der Staatsfläche)

	Agrarfläche	Waldfläche	sonstige Fläche
Estland	56	39	5
Lettland	26	40	34
Litauen	52	28	20

Die baltischen Staaten: „Singapur des Nordens"?

Die Balten träumen, ein „Singapur des Nordens" zu werden. Sie und ihre Berater aus dem westlichen Ausland sehen viele Gemeinsamkeiten mit dem erfolgreichen südostasiatischen Land. Sie zählen auf: kleine Standorte, hervorragende Anbindung an die Ostsee, eine leistungswillige und gut ausgebildete Bevölkerung, niedrige Löhne, riesige Märkte ringsum, Sprungbretter für mittelständische Unternehmen, gute Aussichten für eine Aufnahme in die EU für Estland und Lettland.

(nach einer Zeitungsmeldung vom April 1997)

1

Tallinn (Reval; 428 000 Einw.): die Hauptstadt ist das kulturelle und wirtschaftliche Zentrum von Estland. Bedeutend ist der Hafen. Die aus dem 13. Jh. stammende ehemalige Hansestadt wurde im Zweiten Weltkrieg stark zerstört, danach aber im Baustil des 18. Jhs. wieder aufgebaut. Den Kern bildet der 48 m hohe Domberg.

2

Riga (827 000 Einw.): Die Hauptstadt Lettlands wurde 1201 von Bischof ALBERT I. gegründet und trat 1282 der Hanse bei. Riga behielt bis in die Gegenwart seine wirtschaftliche Bedeutung dank der Lage an der Mündung der Düna (Dwina, Daugara). Der Fluss ist bei einer Breite von 800 m auch für große Schiffe befahrbar. Trotz erheblicher Kriegszerstörungen sind Teile der Altstadt erhalten.

3

Wilna (Vilnius; 576 000 Einw.): Die Hauptstadt Litauens liegt nahe der Grenze zu Weißrussland. Heute ist Vilnius eine Verwaltungs-, Industrie- und Kulturstadt. Trotz sehr starker Kriegszerstörungen ist die Altstadt in großen Teilen wieder aufgebaut worden. Die Stadt, seit 1322 die Hauptstadt des mächtigen Großfürstentums Litauen, wurde 1795 von Russland erobert.

① Beschreibe die topografische Lage der Hauptstädte der baltischen Staaten.

② Vergleiche die drei Länder anhand der statistischen Angaben auf der S. 132. Sprich über Unterschiede in der Flächennutzung, der Bevölkerungszahl und der Religionszugehörigkeit.

Die Wolga – Europas längster Strom

Zu Schiff die Wolga abwärts. Eine Reise auf der Wolga beginnt in Altrussland, in den Wäldern nördlich von Moskau. Sie führt ins Tatarische, durch die Steppe und endet im größten Binnengewässer der Erde, dem Kaspischen Meer. Heute wird die Fahrt auf einem der modernen Hotelschiffe zu einer Erholungs- und Bildungsreise.

Jaroslawl, 1042 gegründet, ist eine der altrussischen Städte, die sich lang am Strom hinziehen, deren Kirchen mit ihren bunten Kuppeln, den vergoldeten Kreuzen und den frei stehenden mehrgeschossigen Glockentürmen an die 1000jährige Geschichte Russlands erinnern. Tagelang begleiten Kirchen, Klöster, schöne alte Holzhäuser weithin sichtbar vom hohen Ufer die Fahrt.

Ein ganz anderes Bild bietet die Millionenstadt Nischni Nowgorod. Sie geht auf eine 1221 gegründete Festung zurück, die der Sicherung der russischen Grenze gegen Tataren und Mordwinen diente. Hier wurde 1868 der berühmte Schriftsteller MAXIM GORKI geboren. Dessen Großvater war einer der etwa hunderttausend Treidler gewesen. Die Treidelknechte, von Kaufleuten gegen einen Hungerlohn angeheuert, zogen einst an langen Seilen schwer beladene Lastkähne stromauf. Heute beleben den Strom Tanker, Passagierschiffe, Hotelschiffe, Frachtschiffe und Sportboote.

Von Kasan bis Wolgograd liegen nun die Dörfer an die Hügel des rechten Ufers geschmiegt. Den Treidelknechten bot sich ein eindrucksvolleres Bild, denn noch gab es nicht die Staumauer von Togliatti, die den Wasserpegel um 15 m steigen und die Berge zu Hügeln schrumpfen ließ. Aber seitdem weitet sich der Strom zum Meer.

Samara ist das Zentrum einer Industrieregion mit mehr als drei Millionen Einwohnern. Zu ihr gehören z. B. der Automobilgigant Awtowas (Lada) in Togliatti und das Raumfahrtproduktionswerk „Progress", wo die Trägerrakete „Sojus" montiert wird.

In der Region Samara greifen die marktwirtschaftlichen Reformen bereits. Bis 1991 war Samara wegen seiner Raumfahrt- und Rüstungsindustrie eine geschlossene Stadt.

Dann beginnt die Steppe mit ihrem heißen und sandigen Wind. Links begleitet den Strom immer noch das flache Wiesenufer. Hoch über dem Wasser erstreckt sich bald über 70 km das neue Wolgograd. Die 1589 von Russland als Festung gegründete Stadt hieß bis 1925 Zarizyn, dann nach dem sowjetischen Diktator STALIN – Stalingrad.

Stalingrad, das 1961 abermals umbenannt wurde, war nach dem Zweiten Weltkrieg völlig zerstört. Etwa 146 000 deutsche und 46 000 sowjetische Soldaten fielen 1942/43 in der Schlacht um Stalingrad.

Die Wolgatreppe als Großschifffahrtsweg und Energieband. Die Wolga durchfließt den wirtschaftlich bedeutendsten Teil Russlands. An dem Strom liegen einige Millionenstädte. Die Wolga ist die wichtigste Wasserstraße des Landes. Früher behinderten während des sommerlichen Niedrigwassers viele Sandbänke die Schifffahrt. Deshalb veranlasste die sowjetische Regierung die Umgestaltung des natürlichen Stroms zur Wolgatreppe. Durch eine Folge von Staudämmen wird die Wasserführung geregelt. Kraftwerke nutzen die Fallhöhe zur Energiegewinnung. Aus den Stauseen werden Bevölkerung und Wirtschaft mit Trink- und Brauchwasser versorgt. In der Steppenzone am Mittel- und Unterlauf werden mit dem gestauten Wasser Landwirtschaftsflächen bewässert.

Folgewirkungen der Wolgaregulierung. Von der großen Oberfläche der Stauseen geht in den heißen Sommermonaten, abgesehen von der Wasserentnahme für Bewässerungszwecke, durch Verdunstung viel Wasser verloren. Die Staudämme schneiden Wanderfischarten aus dem Kaspischen Meer von deren natürlichen Laichgebieten im Oberlauf des Stromes ab. Hinzu kommt, dass in den Stauseen das Wasser sauerstoffärmer ist als bei natürlichem Gefälle. Seit Jahren gehen deshalb die Fischfänge im Strom und im Kaspischen Meer zurück. Da alle Siedlungen und Industriebetriebe am Strom bis heute ihre Abwässer ungenügend oder gänzlich ungeklärt einleiten, ist die Wolga mittlerweile sehr stark verschmutzt.

Der Stausee von Samara:

Länge:	bis 600 km
Breite:	bis 38 km
Stauhöhe:	bis 30 m
Wasserfläche:	6 450 km^2
Flachwasserbereich:	bis 3 380 km^2
gestaute Wassermenge:	bis 58 km^3
Energiegewinnung:	jährlich 10 bis 11 Md. kWh

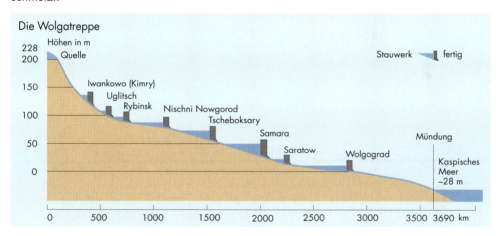

① Zeichne einen Flussbaum der Wolga. Trage Städte an der Wolga ein. Kennzeichne den Übergang von der Wald- in die Steppenzone.

② Erörtere Vorzüge und Nachteile der Wolgaregulierung.

③ Beschreibe die Ausdehnung des Stausees von Samara.

1 Blick auf die Wolga bei Nischni Nowgorod

Das Donez-Dnjepr-Gebiet

Das Donez-Dnjepr-Gebiet nimmt den südöstlichen Teil der Ukraine ein. Es ist geprägt vom Bergbau und von den Grundstoff- und Produktionsgüterindustrien. Das Gebiet ist zweigmäßig und räumlich zweigeteilt.

Im Donezbecken hat sich auf der Grundlage der Steinkohlenlagerstätte ein großes Ballungsgebiet mit vielen Standortgruppierungen der Eisen schaffenden und Metall verarbeitenden sowie der chemischen Industrie herausgebildet.

Im Dnjeprknie sind drei Standortgruppierungen der Eisen schaffenden und Metall verarbeitenden Industrie entstanden: Kriwoi Rog auf der Grundlage der Eisenerzlagerstätte (Fe), Saporoschje und Dnjepropetrowsk auf der Grundlage der Wasserkraftwerke an den Dnjeprstaudämmen.

Einen weiteren Standortfaktor des Donez-Dnjepr-Gebietes stellen die Manganvorkommen (Mn) von Nikopol dar. An allen Standorten gesellen sich zur Schwerindustrie Betriebe der Leichtindustrie, vorwiegend Textilindustrie und Nahrungsmittelindustrie.

Entstehung des Industrieraums. Der Industrieraum des Donez-Dnjepr-Gebietes hat sich in mehreren Schritten herausgebildet:

1. Die Anfänge lagen im Gebiet der heutigen Millionenstadt Donezk. In den 60er-Jahren des 19. Jhs. setzte hier der Kohlebergbau ein. Der ausländische Investor JOHN HUGHES erbaute 1869 ein Hüttenwerk für Eisenbahnschienen. Die sich bildende Stadt wurde nach dem Werk Jusowka genannt. Von 1924 bis 1961 hieß die Stadt Stalino. Weitere Hüttenwerke kamen hinzu. 1881 setzte in Kriwoi Rog der Eisenerzbergbau ein. Für den Transport des Erzes zum Donbass baute man 1884 eine Eisenbahnlinie.

2. 1927 begann der Bau der Dnjeprtreppe oberhalb von Saporoschje. Das Wasserkraftwerk von Saporoschje erzeugt seit 1933, das von Dnjeprodserschinsk seit Ende der 50er-Jahre Strom. Der Auf- und Ausbau des Kohle-Erz-Verbundes zwischen dem Donbass und Kriwoi Rog erfolgte nach ehrgeizigen Plänen der sowjetischen Regierung. Die Industrialisierung wurde durch den Frontverlauf im Zweiten Weltkrieg unterbrochen.

3. Nach Kriegsende erfolgte der Wiederaufbau und die Modernisierung der Industrie. Neue Bergwerke und Industriebetriebe wurden angelegt, nach der Anbindung an das Erdöl- und Erdgasnetz die chemische Industrie. Das Verkehrsnetz wurde ausgebaut. In den 70er-Jahren war der „Südliche Hüttenbezirk" der bedeutendste Wirtschaftsraum der Sowjetunion.

Seit Ende der 80er-Jahre wurden Veränderungen in der Zweigstruktur der Industrie immer dringender.

Das Donez-Kohlebecken, auch Donbass genannt, ist die bedeutendste Steinkohlenlagerstätte Europas auf einer Fläche von 60 000 km². Das Donez-Kohlebecken, benannt nach dem Fluss Donez, erstreckt sich in einer Breite von 160 km über 380 km Länge von der Ukraine bis nach Südrussland.

Die rund 200 abbauwürdigen Kohleflöze liegen zwischen 100 m und 1 200 m Tiefe in einer Mächtigkeit von 0,75 m bis 1,00 m. Mit der Kohle wird daher viel taubes Gestein gefördert. Gewaltige Abraumhalden bestimmen das Landschaftsbild.

Es kommen verschiedene Kohlearten vor: Braunkohle, Kokskohle, Anthrazitkohle.

Kriwoi Rog ist die bedeutendste Eisenerzlagerstätte Europas. Das Alter der etwa 120 km langen und 2 bis 7 km breiten Lagerstätte beträgt rund 2 Md. Jahre. Der Abbau erfolgt im Tagebau.

Nikopol liegt auf der bedeutendsten Manganerzlagerstätte Europas. Das Erz kann aus einem bis zu 6 m mächtigen Flöz im Tagebau gefördert werden.

Hüttenbezirk oder Kornkammer?

„Junge Leute gehen sowieso nicht mehr in die Bergwerke. Unsere Branche stirbt ab." WLADIMIR IlJENKO, Bergarbeiter im ostukrainischen Donezk weiß, wovon er spricht. Von den heute etwa 250 Steinkohlegruben im Donbass sollen viele geschlossen werden. In Donezk, Lugansk und anderen Großstädten, die von den Gruben abhängig sind, drohen die Lichter auszugehen. In den letzten dreißig Jahren wurden bereits mehr als hundert Bergwerke aufgegeben. In manchen Gruben ist der Abbau so aufwendig, dass er nicht einmal mehr seine eigenen Energiekosten deckt. IlJENKO befürchtet, dass auch Hüttenwerke von der Kohlekrise im Donbass betroffen werden. Die staatliche Unterstützung wurde 1995 hart zusammengestrichen. Die Regierung hofft auf finanzielle Hilfe von der Weltbank. Dreihundert Millionen Dollar wurden für die wirtschaftliche Gesundung des Bergbaus bereits bewilligt. Die musterhafte, umweltfreundliche Schließung eines Bergwerks kostet zehn Millionen Dollar. Davon sollen auch Abfindungen für die Bergleute gezahlt werden. Ein Hoffnungsschimmer ist, dass ausländische Firmen versuchen, der Landwirtschaft im Schwarzerdegebiet des Donbass auf die Beine zu helfen. Die Privatisierung des Ackerlandes könnte neue Arbeitsplätze schaffen.

(nach einem Zeitungsbericht vom Dezember 1996)

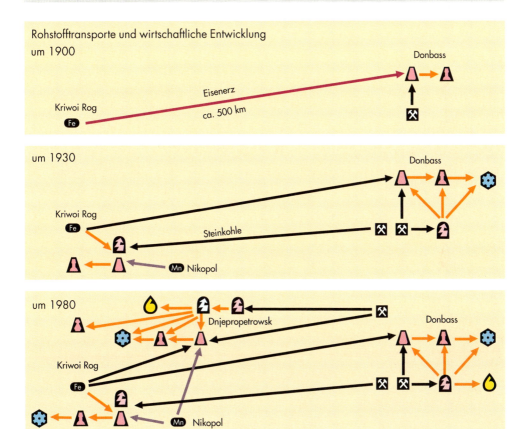

① Vergleiche die Flächengröße des Donezbeckens und die Entfernungen zwischen den Großstädten mit dem Rheinisch-Westfälischen Industriegebiet in Deutschland. ② Welche Bedeutung hat die Dnjeprtreppe für die Industrialisierung im Dnjeprknie? Beachte das Klima und die Verfügbarkeit von Energie.

Was weißt du über Osteuropa?

① Unternimm mithilfe des Atlas eine Reise durch Russland von Archangelsk über Rostow nach Astrachan. Berichte über Landschaften, Landwirtschaft und Industrie.

② Beschreibe die Fotos auf dieser Seite: a) Erkläre die Aufgabe des unten abgebildeten Bauwerkes an der Wolga. b) Welche Völker leben in Russland?

③ Erläutere die Darstellung der klimatischen Verhältnisse in Europa in dem Diagramm. Verwende Begriffe wie West-Ost-Profil, Temperaturverhältnisse, Niederschlagsverhältnisse, Seeklima, Landklima.

④ Warum kann man die Länder in Osteuropa als junge Republiken bezeichnen? Wie heißen ihre Hauptstädte? Erarbeite eine Tabelle.

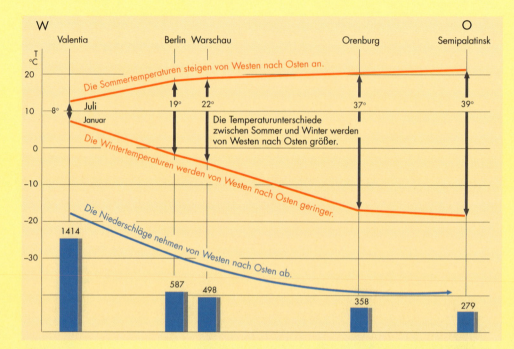

Europa im Wandel

Europa wächst zusammen

Friedliches Zusammenleben, wirtschaftliche Vorteile und wirksamen Umweltschutz soll die Europäische Union ihren Mitgliedsländern bringen. Viele Einrichtungen wurden zur Leitung der europäischen Zusammenarbeit geschaffen. Die bekanntesten befinden sich in Brüssel, in Straßburg und in Luxemburg. Die europäische Zusammenarbeit ist nicht leicht zu durchschauen. Die drei wichtigsten Einrichtungen wollen wir betrachten.

Brüssel ist der Hauptarbeitsort des Ministerrats und der Kommission der EU. Hier wird die Politik der EU gemacht. Die Kommission bereitet Beschlüsse vor, führt sie aus und überwacht deren Durchführung.

Der Ministerrat ist die Vertretung der Mitgliedsstaaten. Er beschließt über die Vorschläge der Kommission.

Straßburg ist der Sitz des Europäischen Parlaments. Es wird aller 5 Jahre von den Bürgern der EU gewählt. Nach der Wahl 1999 wird die nächste Wahl 2004 sein.

Im Parlament wird nicht mehr nach Staaten abgestimmt, sondern nach Parteien. So sind z. B. in der Sozialistischen Fraktion alle sozialistischen und sozialdemokratischen Parteien und in der Europäischen Volkspartei alle Christlich-Demokratischen Parteien der EU-Staaten zusammengeschlossen.

Ziele der Europäischen Union

1. Errichtung einer Wirtschafts- und Währungsunion ohne Staatsgrenzen und mit einheitlichem Geld
2. Schaffung einer europäischen Staatsbürgerschaft
3. Durchsetzung einer gemeinsamen Außen- und Sicherheitspolitik

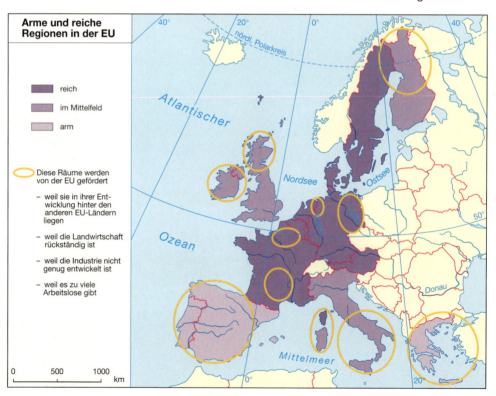

Arme und reiche Regionen in der EU

- reich
- im Mittelfeld
- arm

Diese Räume werden von der EU gefördert
- weil sie in ihrer Entwicklung hinter den anderen EU-Ländern liegen
- weil die Landwirtschaft rückständig ist
- weil die Industrie nicht genug entwickelt ist
- weil es zu viele Arbeitslose gibt

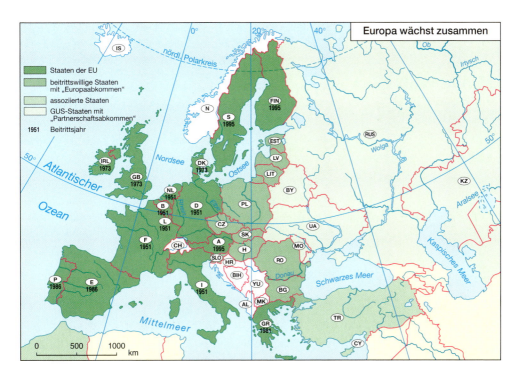

Das Europäische Parlament äußert sich zu den Vorschlägen der Kommission. Es kann Abänderungsvorschläge einbringen, über die der Ministerrat beschließt.
Luxemburg ist der Sitz des Europäischen Gerichtshofs. Jeder Bürger und jeder Mitgliedsstaat hat jetzt schon das Recht, vor dem Europäischen Gerichtshof zu klagen, wenn er prüfen lassen möchte, ob gegen geltendes Recht der Europäischen Union verstoßen wurde.

Eine unmögliche Reise? Der Mann aus Kopenhagen war unterwegs von London nach Paris, später nach Hamburg über Rotterdam und Amsterdam. Nirgendwo stieß er auf eine Grenzkontrolle, kein Grenzer fragte nach seinem Pass, kein Zöllner nach Waren. In Paris bezahlte der Mann Hotel und Einkäufe mit demselben Geld wie in London. Kein Kellner und keine Verkäuferin mussten verschiedene Währungen umrechnen. In Hamburg fand der Mann Arbeit in seinem Beruf. Seine Schulzeugnisse aus Kopenhagen, sein Gesellenbrief aus Rom und sein Meisterbrief aus London galten hier. Seine Sozialversicherung lief ohne Unterbrechung weiter, obwohl der Mann schon in verschiedenen Staaten gearbeitet hatte. Ein Zukunftsbericht aus dem Jahr 2010? Nein. Es ist die Beschreibung der Wirklichkeit in den Vereinigten Staaten von Amerika. Die genannten Orte gibt es dort.

(nach C. Grupp)

① 1951 wurde mit der Bildung der Montanunion (Europäische Gemeinschaft für Kohle und Stahl) ein Grundstein zur EU gelegt. Ermittle anhand der Karte die 6 Gründerstaaten.
② Stelle fest, was der Text „Eine unmögliche Reise?" aussagen will. Entsprechen die Schilderungen deinen Erwartungen von einem geeinten Europa?

Europäische Union – was ist das eigentlich?

Was ist die Europäische Union? Die EU ist ein freiwilliger Zusammenschluss von 15 selbstständigen Staaten. Sie ist kein Staat mit einzelnen Bundesländern wie etwa Deutschland. Sie hat keine Hauptstadt. Jedes Mitgliedsland gibt einige Rechte an die EU ab.

Welche Ziele hat die EU? Sie verbessert und erleichtert das Leben der Menschen in Europa. Die Mitgliedsländer arbeiten eng zusammen. Es gibt keine Grenzkontrollen mehr zwischen den EU-Ländern.

Wie funktioniert die EU? Der Europäische Rat legt die Ziele fest. Die Europäische Kommission verwaltet die Gelder der EU. Sie stimmt sich mit dem Ministerrat ab. Dieser „Rat der EU" setzt sich aus je einem Minister jedes Mitgliedstaates zusammen. Das Europäische Parlament kontrolliert die Arbeit der Kommission.

Stichwort Binnenmarkt
Alle EU-Bürgerinnen und Bürger können bald ohne Grenzkontrollen frei innerhalb der EU reisen, vom Polarkreis bis nach Teneriffa. Jeder kann überall in der EU eine Arbeit annehmen oder ein Geschäft eröffnen. Jeder kann in der EU sein Geld anlegen, wo er möchte. Waren, die in einem EU-Staat hergestellt worden sind, dürfen überall im Binnenmarkt verkauft werden. Die EU hat nur nach außen eine Zollgrenze.

DIE DREI SÄULEN DER EUROPÄISCHEN UNION

Die vier Freiheiten des europäischen Binnenmarktes: Freiheit für Personen, Waren, Dienstleistungen, Geld (Kapital)

Was bedeutet „Eurogeld"? Jeder, der in ein Land der EU fuhr, musste Geld umtauschen. Auch Firmen, die Waren exportieren oder importieren, mussten das Geld in andere Währungen umrechnen, also in holländische Gulden, britische Pfund oder griechische Drachmen. Jeder Geldumtausch kostete Gebühren.
Eine gemeinsame Währung für alle EU-Länder ist günstiger. Das neue Geld heißt „Euro".

In der EU leben 375 Mio. Menschen. Neben der EU gibt es noch einen weiteren Zusammenschluss: die EFTA. Das ist die European Free Trade Association (Europäische Freihandelszone) mit Island, Norwegen, der Schweiz und Liechtenstein.
Die EU und die EFTA (ohne die Schweiz) bilden zusammen den Europäischen Wirtschaftsraum (EWR).

Die „vier Freiheiten" – freier Personenverkehr, freier Warenverkehr, freier Dienstleistungsverkehr und freier Kapitalverkehr – gelten auch für Norwegen, Island und Liechtenstein. Die EFTA-Länder übernehmen aber nicht die Regelungen für die Landwirtschaft in der EU. Auch die Grenzkontrollen zwischen EU und EFTA werden vorerst nicht abgeschafft.

„Und ihr seid sicher, dass Gold dabei herauskommt?"

① Nenne die Ziele der EU.
② Was bedeutet „Binnenmarkt" und welche Vorteile hat er für den Verbraucher?
③ Der „Euro" wird nicht überall begeistert aufgenommen. Kannst du dir denken warum? Sammle Argumente, die für oder gegen den Euro sprechen.
④ Welche Staatengruppen bilden gemeinsam den Europäischen Wirtschaftsraum (EWR)?

Europaregionen an Deutschlands Ostgrenze

Deutschland hat viele Nachbarn. Früher waren die Grenzen zwischen den Staaten geschlossen. Heute gibt es zahlreiche Grenzübergänge an Straßen, Eisenbahnlinien und Binnenschifffahrtswegen, die unkontrolliert passiert werden können.

Europaregionen fördern an fast allen Grenzen Deutschlands die politische, wirtschaftliche und kulturelle Zusammenarbeit, so zum Beispiel zwischen Frankreich, Schweiz und Deutschland sowie an Oder und Neiße.

Die Euregio Neiße. Diese Europaregion liegt im Dreiländereck Polen-Tschechien-Deutschland (Sachsen). Braunkohlentagebaue und Energiewirtschaft prägen das Gebiet.

Organisation der Euregio Neiße

- Präsidium (3 Sitze)
- Rat der Euregio Nisa – Neiße – Nysa (30 Sitze)
  - tschechischer Teil (10 Sitze)
  - deutscher Teil (10 Sitze)
  - polnischer Teil (10 Sitze)
- Arbeitsgruppen:
  - Energie, Umwelt
  - Verkehr, Tourismus, Telekommunikation
  - Kultur, Bildung, Jugend, Denkmalpflege
  - Wirtschaft
  - Katastrophenschutz, Sicherheit
  - Gesundheit, Soziales
  - Staatsverwaltung, Selbstverwaltung

1

Ziele der Zusammenarbeit
- Schaffung einer Wirtschaftsregion
- Hebung des Lebensniveaus der Einwohner
- Verringerung der Arbeitslosigkeit
- Verbesserung des Umweltschutzes
- Förderung der gutnachbarlichen Beziehungen
- Förderung des europäischen Gedankens
- Auf- und Ausbau gemeinsamer Infrastrukturnetze (Verkehr, Telekommunikation, Grenzübergänge)
- Schaffung grenzüberschreitender Versorgungsnetze (Trinkwasser, Kläranlagen, Abfallbeseitigung)
- Schaffung von Natur- und Landschaftsschutzgebieten
- Förderung von Partnerschaften der Schulen und Gemeinden

1 Eisenbahnbrücke über die Neiße bei Görlitz

Euregio, was ist das?

Für die Bewohner in grenznahen Gebieten ergaben sich häufig viele Nachteile. Sie müssen sozusagen „mit dem Rücken zur Wand" leben.

Im Rahmen der Europäischen Union können diese Hemmnisse überwunden werden.

Nachdem 1958 die Europäische Wirtschaftsgemeinschaft gegründet worden war, kam es bald zur Zusammenarbeit zwischen Städten und Kreisen beiderseits der deutschen Westgrenze.

Damals prägten Niederländer und Deutsche den Namen EUREGIO. Er wurde aus „Europa" und „Region" gebildet und bezeichnete ein Gebiet auf beiden Seiten der deutsch-niederländischen Grenze bei Enschede und Rheine.

Inzwischen werden alle grenzüberschreitenden Regionen in Europa so genannt.

Solche Euregios bestehen im Grenzgebiet zwischen Deutschland, Polen, der Tschechischen Republik und den Niederlanden sowie in den Ländereiecken Schweiz, Deutschland, Frankreich die Region basiliensis und Saarland, Lothringen, Luxemburg (Lorraine – Sarre – Luxembourg).

① Angenommen, du wohnst in Görlitz, welchen Beitrag könntest du zur Gestaltung der Euregio Neiße leisten?

② Beschreibe die topografische Lage der Europaregionen an Oder und Neiße.

Was weißt du über Europa?

Du hast bisher im Geografieunterricht Deutschland sowie Europa kennen gelernt. Damit verfügst du über ein umfangreiches geografisches Wissen, das in den folgenden Jahren mit der Behandlung weiterer Erdteile vervollständigt wird. Aber schon jetzt ist es notwendig, dass du das Erkannte ständig anwendest, damit du dir das Wichtigste sicher einprägen kannst.

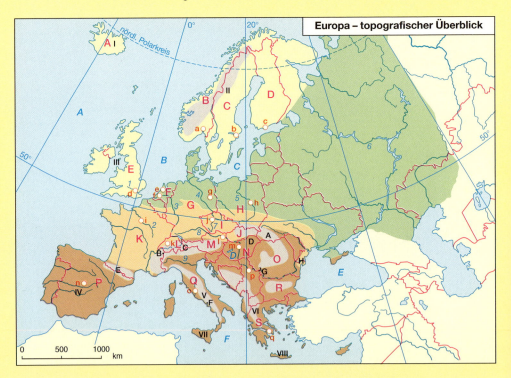

Europa – topografischer Überblick

① In der Karte ist der topografische Merkstoff zu Europa eingetragen. Übe und prüfe mithilfe der Karte.

– Benenne die eingeordneten Objekte. Ordne sie nach Ländern, Gebirgen, Flüssen usw. Lege eine Legende an.

– Trage in der Karte genannte Objekte in eine Umrisskarte ein und beschreibe die Merkmale.

Für die Schnellen noch ein Silbenrätsel:

BAL – CON – DAM – DER – ENT – EU – GE – KLI – LAND – LAND – LUNGS – MA – NEL – NER – NEU – NUNG – PARK – POL – RAUM – RO – ROT – RUNG – SCHAFT – SE – SEE – TAI – TER – TUN – WÄS – WIN

1. Verdichtungsraum mit hoher Bevölkerungszahl und großer Wirtschaftskraft.
2. Niederländisch für eingedeichtes Land.
3. Hierfür sind Pumpen nötig, damit das Land nicht ertrinkt.
4. Vorgang, der in den Niederlanden die Landfläche vergrößerte.
5. Klima mit feuchtem, kühlem Sommer und mildem Winter.
6. Landschaft mit einzelnen Baumgruppen in England.
7. Feste Verbindung zwischen England und Frankreich.
8. Große Metallkiste zum Gütertransport.
9. Größter Hafen der Welt.

Sich erinnern – vergleichen – ordnen

Die jeweils 10 Länder Europas mit der größten Fläche, den meisten Einwohnern, der höchsten Bevölkerungsdichte:

Land	Fläche	Weltrang nach Einwohner	Bev. dichte
Belgien	135.	71.	**17.**
Deutschland	**61.**	**12.**	**33.**
Finnland	**63.**	103.	156.
Frankreich	**47.**	**20.**	63.
Großbritannien	76.	**18.**	**30.**
Italien	**69.**	**17.**	**37.**
Liechtenstein	186.	186.	**38.**
Malta	184.	163.	**4.**
Monaco	192.	187.	**1.**
Niederlande	130.	**53.**	**15.**
Norwegen	**66.**	113.	158.
Polen	**68.**	**29.**	54.
Russland	**1.**	**6.**	169.
Jugoslawien	106.	**66.**	64.
Schweden	**55.**	77.	147.
Schweiz	131.	91.	**40.**
Spanien	**50.**	**26.**	81.
Ukraine	**43.**	**23.**	75.
Vatikanstadt	191.	191.	**3.**

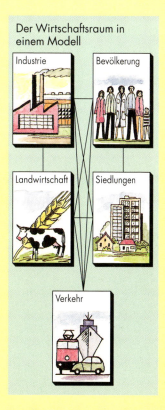

Der Wirtschaftsraum in einem Modell

① Das Modell eines Wirtschaftsraumes veranschaulicht Zusammenhänge. Erläutere an ausgewählten Beispielen, wie Veränderungen an einem Teil des Systems sich auf andere Teile auswirken.
Wenn sich z. B. in einem Gebiet Veränderungen in der Industriestruktur oder im Bereich der Landwirtschaft ergeben, hat das auch Auswirkungen auf Bevölkerung, Siedlung, Verkehr. Finde Beispiele.

② Jedes Land der Erde (es gibt über 192) wird u. a. nach seiner Fläche und seiner Einwohnerzahl beschrieben.
Aus diesen beiden Werten wird die Bevölkerungsdichte des Landes berechnet. Für alle 3 Werte kann man Weltranglisten aufstellen. Du findest diese Rangangaben im Lehrbuch am Beginn eines jeden Kapitels zu den Regionen Europas. In der Tabelle oben sind die Weltrangplätze, die du beachten musst, farbig hervorgehoben.

a) Ordne die Länder neu.
Stelle für Europa Rangfolgen von 1 bis 10 auf.
Du erhältst 3 Ranglisten: Für die Fläche, die Einwohner und die Bevölkerungsdichte. Beschreibe, wie du vorgehen willst, ehe du die Listen erarbeitest.
b) Beschreibe die Lage der Länder, die in den Listen auf dem 1. Rang stehen. Ordne sie den Regionen Europas zu.
c) Wie viele Länder Europas haben weniger Einwohner als Deutschland? Wie viele europäische Staaten haben mehr Einwohner als die Niederlande?
d) Wo konzentrieren sich die europäischen Länder mit einer hohen Bevölkerungsdichte? Begründe deine Erkenntnis.
e) In manchen der bevölkerungsreichsten Länder sind die Einwohner relativ gleichmäßig über das Territorium verteilt, in anderen bestehen große territoriale Unterschiede in der Bevölkerungsdich-

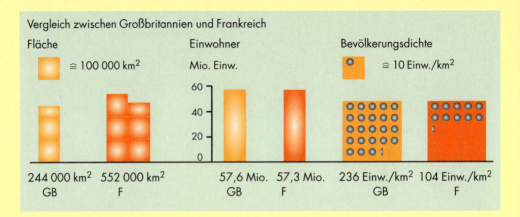

te. Suche für beide Fälle Beispiele im Atlas. Begründe für deine Beispiele die territorialen Unterschiede in der Bevölkerungsdichte.

③ In manchen Bundesländern Deutschlands sind die Einwohner relativ gleichmäßig über das Territorium verteilt, in anderen bestehen große territoriale Unterschiede in der Bevölkerungsdichte. Suche für beide Fälle Beispiele im Atlas.

④ Für jedes Land der Erde kann man die Zahlenwerte für die Landesgröße und die Einwohnermenge in statistischen Nachschlagewerken oder Lexika nachlesen.
Aus diesen beiden Werten wird die Bevölkerungsdichte des Landes berechnet. Auf den Lehrbuchseiten 38 und 111 sind die Länder West- und Südeuropas auch mit den Weltrangplätzen beschrieben. Ordne diese Länder nach der Fläche und nach der Einwohnerzahl.
Stelle das Ergebnis auch mithilfe geeigneter Diagramme dar. Ordne Deutschland ein. Die Weltrangplätze findest du in der Tabelle S. 147.

⑤ Auf dieser Seite wird ein Vergleich zwischen zwei Ländern Westeuropas veranschaulicht. Werte die Darstellungen aus.
Erläutere, wie es zu der sehr unterschiedlichen Bevölkerungsdichte kommt. Führe weitere Ländervergleiche durch. Beziehe dabei auch Deutschland ein. Wähle geeignete Darstellungsweisen zur Veranschaulichung aus.

⑥ Welche Länder sind durch die Donau miteinander verbunden?

⑦ Vergleiche die Donau mit der Elbe. Beachte dabei die folgenden Merkmale:
– Längen (siehe Lb. S. 8) Vergleiche die Flusslängen in einem Diagramm. Werte es mithilfe einer geeigneten Karte in einem Vortrag aus.
– Verlauf der Flüsse. Beschreibe und begründe die unterschiedliche Fließrichtung.
– Quellen
– Flussmündungen
Benenne und zeichne sie. Warum sind sie unterschiedlich?
– Verbindungen zu anderen Flüssen und Meeren durch Kanäle. Trage die Schifffahrtswege in eine Umrisskarte ein

⑧ Beschreibe die Lage der 3 Städte auf dem Kontinent: Berlin, Reykjavik, Athen.

⑨ Verdeutliche durch Pfeildiagramme Zusammenhänge zwischen Bodenschätzen, Rohstoffen, Industriezweigen, Industrieerzeugnissen, Bevölkerung, Siedlung und Verkehr in einem Gebiet.

⑩ Du hast Landschaften und vielfältige Zusammenhänge kennengelernt, die innerhalb der Landschaften bestehen.
– Beschreibe an ausgewählten Beispielen Zusammenhänge zwischen der Oberfläche, dem Klima und der Pflanzenwelt.

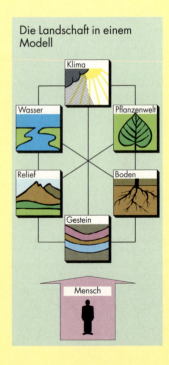

Die Landschaft in einem Modell

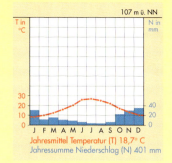 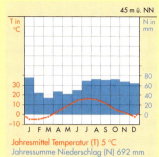 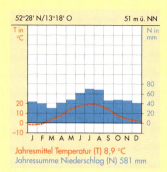

Jahresmittel Temperatur (T) 18,7° C
Jahressumme Niederschlag (N) 401 mm

Jahresmittel Temperatur (T) 5 °C
Jahressumme Niederschlag (N) 692 mm

Jahresmittel Temperatur (T) 8,9 °C
Jahressumme Niederschlag (N) 581 mm

Merkmale	Berlin	London	Helsinki	Athen
Lage im Gradnetz Höhenlage				
Temperatur – Maximum – Minimum – Jahresschwankung – Jahresmittel				

Niederschlag
– Monate
  niederschlagsarm
  niederschlagsreich
– Jahreszeiten
  trocken
  feucht
– Jahresniederschlag				

Name der Klimazone und des Klimatyps				

⑪ Auf dieser Seite siehst du oben 3 Klimadiagramme. Sie gehören zu den Stationen Athen, Helsinki und London.
a) Beschreibe die 3 Klimadiagramme nacheinander.
b) Ordne die Namen den Diagrammen zu und begründe deine Entscheidung.
c) Vergleiche die Klimamerkmale der 3 Stationen.
Lege dazu die oben stehende Tabelle in deinem Heft an.
Vergleiche mit dem Klimadiagramm von Berlin auf der Seite 17.
d) Zeige die 4 Städte auf der Karte und beschreibe zusammenhängend die Unterschiede im Klima.

⑫ Im Lehrbuch Seite 18/19 werden die Vegetationszonen Europas beschrieben. Werte die Texte und Abbildungen vergleichend aus:
a) Beschreibe unter Nutzung einer geeigneten Atlaskarte die Lage der Vegetationszonen Europas.
b) Erläutere den Zusammenhang zwischen dem Klima und der Vegetation in einer von dir ausgewählten Vegetationszone.
c) Ordne die 3 Klimastationen oben den Vegetationszonen zu.

⑬ Welche Teile Europas sind im Eiszeitalter geformt worden? Beschreibe die Ausdehnung des Inlandeises in Nord- und Mitteleuropa. Unterscheide zwischen Abtragungs- und Aufschüttungsgebieten. Wo liegen sie in Europa und welche Oberflächenformen sind typisch?

⑭ Was verstehst du unter Karst? Wie entsteht er? Erläutere die Begriffe „Doline", „Karstquelle" und „Tropfsteinhöhle". Nenne Karstgebiete in Europa.

⑮ Teile Europas werden durch Erdbeben heimgesucht und erleben Vulkanausbrüche.
a) Nenne die Gebiete und begründe ihre Lage.
b) Nenne einige Vulkane.
c) Warum sind Vulkangebiete trotz der Gefahren oftmals dicht besiedelt?

Geografische Arbeitsweisen

Karten lesen und auswerten

Karten sind Hilfsmittel zur Orientierung. Karten geben dir Informationen:
- Sie sind Grundrissdarstellungen eines Teils der Erdoberfläche (Draufsicht).
- Sie sind verkleinerte Abbilder der Wirklichkeit. Die wirkliche Größe erkennst du mithilfe des Maßstabes.
- Sie sind vereinfachte Darstellungen der Wirklichkeit.
- Sie enthalten Signaturen, damit sie lesbar sind.
- Die Erklärung der Signaturen findest du in der Legende: (Farben oder Signaturen).
- Ausgewählte Objekte, z. B. Städte und Flüsse, sind benannt. Umrisskarten können auch „stumm" sein.
- Es gibt Kartendarstellungen zu den unterschiedlichsten Themen.

Du erkennst das Thema am Kartentitel. Oftmals ist es notwendig, mehrere Karten auszuwerten um geografische Zusammenhänge zu erkennen.

Gehe bei der Auswertung von Karten folgendermaßen vor:
- Lies den Kartentitel. Er gibt dir Auskunft über das in der Karte abgebildete Gebiet (Ausschnitt der Erdoberfläche) und über den Inhalt der kartografischen Darstellung (z. B. Oberflächenformen, Klima, Vegetation oder Landwirtschaft).
- Überprüfe den Maßstab der Karte. Er sagt dir, in welchem Maße gegenüber der Wirklichkeit verkleinert wurde. Der Maßstab ermöglicht dir auch das Messen von Entfernungen auf der Karte.
- Orientiere dich über die Bedeutung der Signaturen in der Kartenlegende.
- Beschreibe den Inhalt der Karten (z. B. S. 150 und 151).

Beispiel für das Feststellen des Maßstabes:
Deutschland wird in Atlanten oft im Maßstab 1:3 Mio. abgebildet.
Dieser Längenmaßstab bedeutet:
1 cm auf der Karte
≅ 3 000 000 cm
≅ 30 000 m
≅ 30 km in der Wirklichkeit

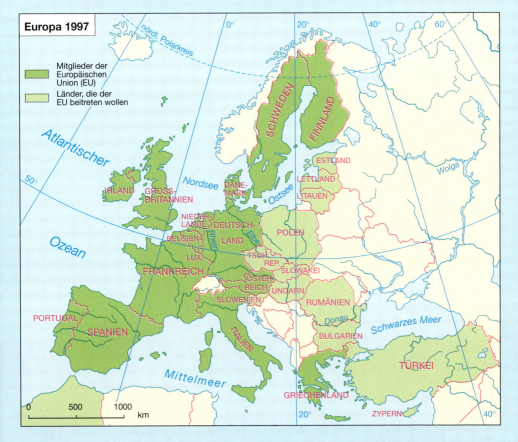

① Vergleiche die Maßstäbe der Karten auf dieser Doppelseite. Beachte: Wenn die Erscheinungen verkleinert werden, sagt man, dass sich der Maßstab verkleinert. Welche Karte hat den kleinsten Maßstab?

② Suche andere Karten im Lehrbuch. Beschreibe ihren Inhalt. Vergleiche die Maßstäbe und die Legenden.

③ Suche im Atlas Karten deines Heimatgebietes und miss unter Nutzung des Maßstabes ausgewählte Entfernungen.

Karte und Profil

Sieh dir die Karte „Oberflächengestalt Europas" (S. 10) an. Sie zeigt die Verteilung der Landschaften in dem abgebildeten Gebiet und ordnet sie durch die Farbgestaltung bestimmten Höhenbereichen zu. Du erkennst zum Beispiel, wo Tiefland in West-, Mittel- und Osteuropa liegt und wo sich die Mittelgebirgslandschaften befinden. Die Hochgebirge treten besonders hervor.

Da die Karte auf eine Papierfläche abgedruckt ist, können die Oberflächenformen, also Berge und Täler, nicht in ihrer tatsächlichen Form veranschaulicht werden. Man verwendet deshalb Höhenlinien und Höhenschichten um das Relief eines Gebietes darzustellen.

Das Profil ermöglicht es, die Oberflächenformen in ihrer Höhengliederung (Querschnitt) zu verdeutlichen. Dazu ist es notwendig, das jeweilige Gebiet senkrecht zu durchschneiden. Ein geeigneter Höhenmaßstab, der die erreichten Höhen der Landschaft enthält, ist festzulegen.

Profile kann man von einem Standort in einer Landschaft aus oder von einer Kartendarstellung abzeichnen. Ein Beispiel zeigt dir die Abbildung auf der Seite 153.

Du erkennst eine Landschaft mit zwei unterschiedlich hohen Bergen. Dabei ist der Anstieg unterschiedlich steil. Das erkennst du daran, dass die Höhenlinien dichter zueinander liegen als bei einem allmählichen Anstieg.

Gehe beim Abzeichnen eines Profils von einer Kartendarstellung folgendermaßen vor:
– Lege auf einer geeigneten Atlaskarte eine Linie (Profillinie) fest, indem du sie einzeichnest, z. B. indem du einen Streifen Papier (evtl. Transparentpapier) auflegst.
– Bestimme die Endpunkte der Profillinie. Benenne diese Punkte, z. B. mit A und B.
– Miss die Entfernung zwischen den beiden Endpunkten des Profils auf der Karte und zeichne die Grundlinie für das Pro-

Höhenlinien verbinden Orte gleicher Höhenlage miteinander.

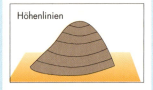

Höhenschichten liegen jeweils zwischen zwei Höhenlinien.

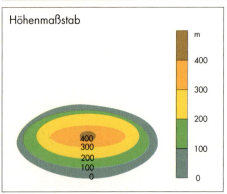

Höhenmaßstab

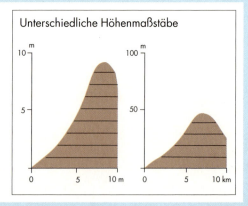

Unterschiedliche Höhenmaßstäbe

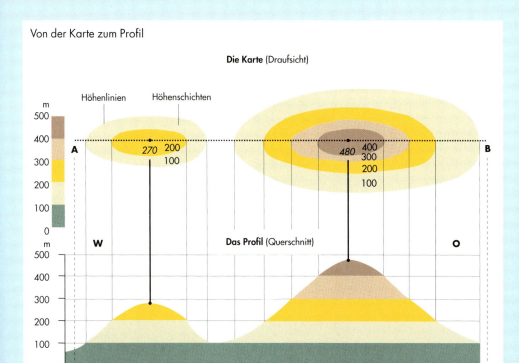

fil. (Entscheide, ob du den Längenmaßstab beibehalten kannst oder verändern musst.)
- Trage an den beiden Endpunkten des Profils die Himmelsrichtungen ein.
- Übernimm auf den Papierstreifen die für das Profil wichtigen Höhenpunkte (Schnittlinien von Höhenlinien; in der Karte angegebene Höhenpunkte).
- Übertrage die Höhenpunkte auf die Grundlinie des Profils. (Beachte die anderen Entfernungen, falls du den Längenmaßstab verändert hast.)
- Bestimme den Höhenmaßstab. Entscheide über eine geeignete Proportion, zu starke Überhöhungen geben kein der Landschaft entsprechendes Bild ab.
- Zeichne die Maßstableiste an das Ende der Profillinie.
- Zeichne die auf der Grundlinie angegebenen Höhenpunkte unter Beachtung des Höhenmaßstabes ein.
- Verbinde die Höhenpunkte miteinander zur Profillinie.
- Die Höhenschichten kannst du farbig gestalten.

① Beschreibe eine Fahrt von Magdeburg zum Brocken. Zeichne ein entsprechendes Profil.

② Beschreibe ein Profil vom Hunsrück zum Taunus. Vergleiche mit einem Profil von den Vogesen zum Schwarzwald.

③ Suche Profile im Lehrbuch. Beschreibe sie und ordne sie entsprechenden Karten im Atlas zu.

Mit Karten arbeiten

Wenn du mit deinen Eltern in die Alpen fährst, kannst du ihnen sehr helfen, wenn du die Fahrstrecke mithilfe einer Autokarte zusammenstellst.
Schon bei der Reisevorbereitung solltest du dich informieren, was bei einer Reise ins Hochgebirge beachtet werden muss und was du erleben kannst.

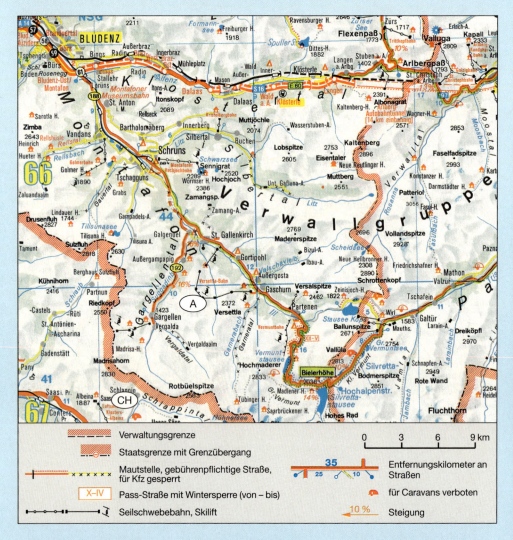

① Der Kartenausschnitt oben zeigt einen Teil der Alpen. Ordne ihn in eine Übersichtskarte ein. Beschreibe dein Vorgehen.

② Informiere dich, worüber Streckenkarten Auskunft geben. Lies die Legende.

③ Wie weit ist es von Bludenz zur Bielerhöhe? Welche Steigung ist zu überwinden? Wie lange wird die Fahrt etwa dauern?

④ In welchen Monaten und mit welchen Fahrzeugen kannst du hier nicht fahren?

⑤ Welche weitere Streckeninformationen kannst du der Karte entnehmen?

Projektarbeit: Was ist das?

Bei einem Projekt arbeitet eine Gruppe selbstständig an einem Thema, das mehrere Bereiche berührt. Die Projektmethode wird oft in der Wirtschaft angewandt um zu besonderen Arbeitsergebnissen kommen zu können. Man arbeitet dann in Gruppen, die auch ungewöhnliche Wege zur Erreichung eines bestimmten Zieles gehen dürfen. So brauchen z. B. die Mitglieder einer Projektgruppe keine Arbeitszeiten einzuhalten. Sie sind in ihren Entscheidungen auch weitgehend frei von den üblichen Vorschriften. Wichtig ist nur, dass das Ergebnis besser ist, als es mit herkömmlichen Methoden hätte erreicht werden können.

Da Projektunterricht von euch Schülern zu gestalten ist – die Lehrer stehen beratend zur Seite – gibt es für euch bei der Planung vieles zu bedenken und zu entscheiden. Ihr müsst euch für ein Thema entscheiden, einen Projektleiter wählen und Arbeitsgruppen bilden. Ihr könnt aber auch wählen, was ihr erarbeiten wollt, mit wem ihr es erarbeiten wollt, welche Arbeitsweise ihr benutzen wollt, welche Hilfsmittel ihr wählt.

In der Schule wird die Projektmethode durch Projektunterricht verwirklicht. Für die Projektarbeit können die Stunden verschiedener Fächer zusammengelegt werden.
Ob für den Projektunterricht alle Unterrichtsstunden einer Woche, täglich einige Stunden oder nur bestimmte Stunden über eine längere Zeit verwendet werden, ist von der Schule zu entscheiden. Dazu könnt ihr Vorschläge unterbreiten, die ihr vorher in der Klasse diskutiert habt.

Nachdem sich eine Gruppe zusammengefunden hat, die gemeinsam ein Thema bearbeiten will, ist bei der Arbeit in den Gruppen wiederum manches zu planen, zu entscheiden und vorzubereiten. Ihr seht, Projekte benötigen längere Arbeitsphasen. Deshalb verlangt die Projektarbeit auch Durchhaltevermögen von jedem Einzelnen von euch.

Gesprächsregeln
- Wer etwas sagen will, meldet sich durch Erheben einer Hand. Wenn man dringend zum gerade Besprochenen etwas sagen will, meldet man sich mit beiden Händen. Das darf man aber nur einmal im Gespräch.
- Die Gesprächsleiterin, der Gesprächsleiter führt eine „Rednerliste". Nur eine, einer spricht. Die anderen hören zu. Keiner ruft dazwischen.
- Alle Redner bemühen sich, beim Thema zu bleiben und sich kurz zu fassen. Andere wollen auch sprechen. Man spricht nur für sich, z.B.: „Ich vermute…". Man vermeidet Redewendungen wie: „ich würde sagen…", „Ich denke…" oder „Ich glaube…"
- Man spricht zuerst über seine Beobachtungen. Deutungen, Schlussfolgerungen oder Wertungen werden erst danach geäußert.
- Die Hauptbetroffenen haben ein Schlusswort. Die Leiterin/der Leiter des Gesprächs formuliert ein Ergebnis und fragt, ob die Gesprächsteilnehmer dem zustimmen.

Wie Projektarbeit abläuft

Vorbereitung
- *Themen sammeln:* Was könnte untersucht werden? Auf welches Thema kann sich die Gruppe festlegen, sodass alle entschieden mitarbeiten?
- *Teilnehmer des Projektes festlegen:* Es könnte sein, dass ihr Lehrer anderer Fächer oder andere Experten beteiligen möchtet um deren Rat einzuholen; gegebenenfalls einen Projektleiter wählen.
- *Zeitplan des Projekts festlegen:* Erstellt vor Beginn des Projekts einen Arbeitsplan um die Arbeit überschauen zu können.
- *Arbeitsergebnisse vorstellen :* Macht euch vor Beginn des Projekts Gedanken, wie ihr eure Ergebnisse präsentieren wollt. Es bieten sich mehrere Verfahren an: eine Wandzeitung im Klassenraum, eine Dokumentation oder Ausstellung in der Schule, eine Veröffentlichung in der lokalen Presse.

Durchführung
- *Arbeitsgruppen bilden:* Legt fest, wer mit wem arbeitet. Verteilt die Arbeit auf die Gruppen. Klärt innerhalb der Gruppen, wer wofür verantwortlich ist, sodass es immer einen Ansprechpartner für die einzelnen Aufgabenstellungen gibt.
- *Material besorgen und sichten:* Material findet ihr in Fachbüchern, Tageszeitungen, Wochenzeitungen, Fachzeitschriften und Illustrierten.
- *Durchführung* von Erkundungsaufgaben, Geländeuntersuchungen, Befragungen usw.
- *Arbeitsergebnisse überprüfen:* Zwischendurch solltet ihr mehrmals in der Klasse die Ergebnisse vorstellen und diskutieren. Fragen und Hinweise aus anderen Gruppen helfen euch Schwachpunkte der Arbeit zu erkennen.

Vorstellung der Ergebnisse
- *Präsentation:* Aus den einzelnen Gruppenbeiträgen muss ein Gesamtergebnis mit aufeinander abgestimmten Beiträgen entstehen.
- Überlegt, ob die Ergebnisse für eine breitere Öffentlichkeit von Bedeutung sein könnten. Informiert die Lokalzeitung, damit sie berichten kann.

Auswertung der Projektarbeit
Nach der Präsentation solltet ihr in der Klasse über eure Arbeit sprechen. Was lief gut? Wo gab es Spannungen? Was hätte man besser machen können?

1. Projektunterricht ist bei Schülern beliebt. Schildere, woran das liegt.
2. Überlege, warum es wichtig sein kann, einen Projektleiter zu bestimmen.
3. Was ist bei der Gruppenbildung zu beachten? Beachte Punkte wie Größe der Gruppen, besondere Fähigkeiten und Eigenschaften der Schüler.

Begriffe

Abtragungsgebiet: Flüsse, Gletscher und Wind bewegen lockeres Gestein fort. Dieser Vorgang der Abtragung spielt besonders im Gebirge eine große Rolle. Gebirge werden allmählich eingeebnet.

Almwirtschaft: Form der Landwirtschaft im Hochgebirge, bei der das Milchvieh im Sommer auf Bergweiden getrieben und im Winter im Stall des Bauernhofes im Tal gehalten wird.

Ausgleichsküste: Der Küstenverlauf ist geradlinig, ohne Buchten und Vorsprünge. Hinter der Küstenlinie liegen Strandseen.

Baltikum: Das Gebiet der baltischen Staaten Estland und Lettland, im weiteren Sinne auch einschließlich Litauen.

Bevölkerungsdichte: Als Maßzahl der Bevölkerungsverteilung gilt die Bevölkerungsdichte. Sie gibt an, wie viel Menschen durchschnittlich auf 1 km^2 eines Gebietes wohnen.

Bewässerungsfeldbau: Die zum Feldbau jahreszeitlich oder ganzjährig fehlende Niederschlagsmenge wird durch Bewässerung aus Brunnen, Fluss-, Kanalwasser oder aus Regenwasserspeichern zugeführt.

Binnenland: Ein Staat, der nicht an das Meer grenzt. Der Binnenstaat ist ringsum von Nachbarstaaten umgeben.

City: Stadtviertel, im Zentrum von Großstädten, insbesondere von Millionenstädten, gelegen. Hier gibt es vorwiegend Einrichtungen des Handels und von Dienstleistungen. Wohnungen sind selten.

Delta: Im Mündungsgebiet lagert ein Fluss Schlamm ab. So entsteht ein etwa dreieckiges Schwemmlandgebiet mit vielen Flussarmen, das insbesondere an Flachküsten immer weiter in das Meer hinauswächst.

Doline: Trichterförmige Vertiefungen im Kalkgestein. Ihr Durchmesser liegt zwischen 1 m und 1 000 m. Ihre Tiefe reicht von einigen Dezimetern bis zu 300 m. Sie entstehen durch den Einsturz von Höhlen.

Durchbruchstal: Der Fluss fließt in einem engen Tal durch ein Gebirge. Er hat das Tal in vielen Millionen Jahren in das Gestein des aufsteigenden Gebirges eingeschnitten.

Eisernes Tor: Durchbruchstal zwischen den Südkarpaten und dem Balkangebirge an der rumänisch/jugoslawischen Grenze.

Erdaltzeit: Zeitalter der Erdgeschichte von 600 bis 220 Mio. Jahren vor der Gegenwart.

Erdbeben: In der Erdkruste bauen sich durch Gesteinsverschiebungen Spannungen auf, die sich plötzlich ausgleichen. Das führt oft zu heftigen Erschütterungen mit großen Zerstörungen an der Erdoberfläche.

Erdmittelzeit: Zeitalter der Erdgeschichte von 220 bis 65 Mio. Jahren vor der Gegenwart.

Erdneuzeit: Zeitalter der Erdgeschichte, das vor 65 Mio. Jahren begann und bis heute andauert.

Erdwärme: Mit zunehmender Tiefe nimmt in der Erdkruste die Temperatur im Durchschnitt um 1°C auf 33 m zu. In der Nähe von vulkanischen Herden ist sie höher.

Europäische Union (EU): 1993 hervorgegangen aus der Europäischen Gemeinschaft. Einheitliches Wirtschaftsgebiet (Gemeinsamer Markt) ohne Handelsbeschränkungen, freie Wahl des Arbeitsplatzes, einheitliche Währung (Euro) sind Vorstufen eines Bundesstaates Europa.
Die Organe der Europäischen Union sind: das Europäische Parlament, der Rat der Europäischen Union, die Europäische Kommission, der Europäische Gerichtshof, der Rechnungshof sowie der Europäische Rat.

Euroregion: Gebiete an der EU-Außengrenze, in dem die anliegenden Staaten in verschiedenen Bereichen zusammenarbeiten, z. B. Umweltschutz, Tourismusförderung.

Eurotunnel: Eisenbahntunnel unter dem Kanal zwischen Dover in England und Calais in Frankreich.

Faltengebirge: In einem Meeresbecken sind mehrere tausend Meter mächtige Gesteinsschichten in vielen Millionen Jahren abgelagert und danach gefaltet worden. Später wurde das gefaltete Gestein zu einem Gebirge herausgehoben.

Fischfarm: (Aquakultur, Firming the Sea): Nutzung von Meerestieren und Meerespflanzen nach wirtschaftlichen Gesichtspunkten zur Eiweißversorgung in Unterwasserfarmen und Farmen auf dem Meeresboden.

Fjell: Die Hochfläche des Skandinavischen Gebirges ist felsig und teilweise von Gestrüpp, Moosen und Flechten bewachsen. An einigen Stellen bedecken Gletscher das Fjell.

Fjord: Gletscher schürfen im Gebirge tiefe, trogförmige Täler. Wenn diese Trogtäler nach dem Abtauen des Eises vom Meer überflutet werden, entstehen tief in das Land reichende, schmale und steilwandige Meeresbuchten.

Föderation: Bündnis zwischen zwei oder mehreren Staaten, die ihre Selbstständigkeit beibehalten.

Gemäßigtes Klima: Zwei Hauptjahreszeiten (Sommer und Winter) und zwei Nebenjahreszeiten (Frühjahr und Herbst = Übergangsjahreszeiten) mit Niederschlägen zu allen vier Jahreszeiten sowie häufiger Wetterwechsel prägen das Klima.

Geysir: Einem Springbrunnen gleich schießt in regelmäßigen zeitlichen Abständen erhitztes Wasser aus einem Felsloch in die Höhe. Das Wasser wird durch heißes Vulkangestein zum Kochen gebracht.

Glaziale Serie: Aufeinanderfolge von Oberflächenformen, die durch das Inlandeis und seine Schmelzwässer entstanden sind; Teile der glazialen Serie sind Grundmoräne, Endmoräne, Sander und Urstromtal.

Gletscher: Gletschereis bildet sich, wenn mehr Schnee fällt, als während des Sommers abschmelzen kann. Liegt die Eismasse auf einer Hochfläche, so gleitet sie in breiter Eiskuchen, das Inlandeis. Folgt die Eismasse einem Tal im Gebirge, so kommt die längliche Gestalt des Talgletschers zustande.

Grotte: Natürliche Höhle von geringer Tiefe mit gewölbter Decke.

Haff: Eine schmale Meeresbucht, das Haff, wird von einer lang gestreckten Landzunge, der Nehrung, bis auf eine schmale Öffnung vom Meer abgeschlossen.

Hartlaubgewächse: Im Mittelmeerklima wachsen immergrüne Bäume und Sträucher. Als Schutz gegen das Austrocknen im Sommer sind beispielsweise Blätter mit Wachs überzogen. Sie erscheinen dadurch dick und hart.

Huerta: An der Mittelmeerküste in Spanien betreibt man in den Flusstälern und Deltas Bewässerungsfeldbau. Auf kleinen Feldern wie in einem Garten (Huerta, spanisch: Garten) werden Gemüse und Obst, Feigen und Mandeln angebaut.

Industrialisierung: Darunter ist die Anwendung maschineller Produktionsverfahren in Fabriken zum Zwecke der Mehrfachfertigung zu verstehen. Damit verbunden sind Produktivitätssteigerung sowie die Ausbreitung der Industriestandorte in Industriegebieten.

Inlandeis: Eismasse, die große Teile der Landoberfläche bedeckt.

Kalkstein: Ein Absatz- oder Sedimentgestein, das durch Ablagerung von Kalkteilchen (Schalen von Muscheln) am Meeresboden entstand.

Karst: Ein Gebirge in Slowenien, nachdem die im Kalkgestein auftretenden Oberflächenformen benannt werden. Wasser löst allmählich Kalkstein auf. So entsteht eine Karstlandschaft mit Dolinen, Poljen, Höhlen und unterirdischen Flüssen.

Klima: Das Wetter wechselt ständig. Fasst man die Wetterabläufe vieler Jahre zusammen und bestimmt den durchschnittlichen Ablauf, so erhält man als Gesamtbild das Klima eines Gebietes.

Klimadiagramm: Es zeigt für einen Ort während eines Jahres den durchschnittlichen Temperaturverlauf sowie die durchschnittliche Menge der Niederschläge und ihre monatliche Verteilung. Die Darstellungsform ist ein Rechteckgitter.

Klimazone: Auf der Erde gibt es große Gebiete mit gleichartigem Klima. Sie bilden Gürtel, die um die Erde herumreichen.

Kontinentales Klima (Landklima): In größerer Entfernung vom Ozean fehlt der ausgleichende Einfluss des Meeres. Deshalb sind die Sommer wärmer und die Winter kälter, und es fallen weniger Niederschläge. Sommer und Winter sind als Hauptjahreszeiten ausgeprägt.

Kulturpflanzen: Alle in der Landwirtschaft angebauten Nutzpflanzen. Sie sind durch Züchtung aus Wildpflanzen hervorgegangen.

Landflucht: Armut in ländlichen Gebieten veranlasst deren Bewohner, in die Städte und Industriegebiete zu ziehen. Sie hoffen dort Arbeit und bessere Lebensbedingungen zu finden.

Landklima: siehe kontinentales Klima.

Lava: Unter der festen Erdkruste befindet sich glühend heißer, zähflüssiger Brei, das Magma. Es tritt beim Ausbruch eines Vulkans als Lava an die Erdoberfläche.

Leichtindustrie: Sie umfasst die Zweige der Verbrauchsgüterindustrien wie z. B. Spielwaren, Haushaltswaren, Textilwaren und Bekleidung.

Längenkreise: Sie verlaufen über den Nordpol und den Südpol. Sie sind gleich lang. Der Abstand zwischen zwei Längenkreisen ist unterschiedlich.

Macchie: Bis zu 5 m hohe Hartlaubsträucher bilden in vielen Gebieten Italiens und Griechenlands ein immergrünes Gestrüpp. Die Macchie ist durch Waldrodung sowie Ziegen- und Schafweide im Hartlaubwald entstanden.

Meeresströmung: Durch Gezeiten, Wind und Druckkräfte des Wassers selbst wird das oberflächennahe Wasser des Meeres in Bewegung versetzt. In den Ozeanen gibt es über 30 großräumige Meeresströmungen.

Metropole: Politisches, wirtschaftliches und kulturelles Zentrum eines Staates. Metropolen sind Großstädte, überwiegend jedoch Millionenstädte.

Mittelmeerklima: Das Klima im Mittelmeerraum ist gekennzeichnet durch heiße und trockene Sommer sowie durch milde und regenreiche Winter.

Ölbaum: Seit vielen Jahrtausenden nutzen die Bewohner des Mittelmeerraumes die ölhaltigen Früchte (Oliven) des Ölbaumes (Olivenbaum).

Man verwendet das aus den Oliven gepresste Öl überwiegend als Speiseöl.

Ozeanisches Klima (Seeklima): In der Nachbarschaft zum Ozean wirkt das Meer ausgleichend auf das Klima. Deshalb sind die Sommer kühl und die Winter mild. Es fällt zu allen Jahreszeiten reichlich Niederschlag. Sommer und Winter sind wenig ausgeprägt.

Parklandschaft: Grasland mit einzeln stehenden Bäumen und Baumgruppen wechselt mit kleinen Wäldern.

Pass: Der Übergang über einen Gebirgskamm wird meist an dessen niedrigster Stelle gesucht. Pässe verbinden Täler und Landschaften miteinander und sind Leitlinien des Verkehrs.

Pipeline: Rohrleitung zum Transport von Flüssigkeiten über längere Wege.

Polares Klima: Klimate mit ausgeprägtem Winter; Eisklimate kennzeichnet ganzjährige Kälte mit sehr kurzem arktischen Sommer, Tundrenklimate kurze und kühle Sommer.

Polarkreis: Die beiden Breitenkreise 66,5° Nord und 66,5° Süd begrenzen die nördliche bzw. südliche polare Beleuchtungszone.

Polarnacht: Zeit, in der die Sonne mindestens 24 Stunden nicht aufgeht. Für einen Ort am Polarkreis dauert sie einen Tag, am Nordpol und am Südpol ein halbes Jahr.

Polartag: Zeit, in der die Sonne mindestens 24 Stunden nicht untergeht. Für einen Ort am Polarkreis dauert er einen Tag, am Nordpol und am Südpol ein halbes Jahr.

Polje: Mehrere Quadratkilometer große Becken in Karstgebieten. Sie sind nach allen Seiten durch steile Hänge abgeschlossen. Der flache Boden besteht aus lehmigen Ablagerungen. Er kann durch Feldbau genutzt werden.

Polder: An flachen Meeresküsten wird unter Ausnutzung der Gezeiten durch besondere Maßnahmen Land gewonnen. Ein Seedeich schützt das Neuland vor Sturmfluten. Das Neuland wird in Ostfriesland und in den Niederlanden Polder, in Schleswig-Holstein Koog genannt.

Rundhöcker: Längliche Felsbuckel, die vom fließenden Gletschereis aus dem Gestein des Gebirges geformt wurden.

Schären: Tausende kleiner Felsinseln begleiten die skandinavischen Küsten. Es sind die nach dem Abtauen des Inlandeises vom Meer überfluteten Rundhöcker.

Seeklima: Siehe ozeanisches Klima.

Standortfaktoren: Es sind Kräfte, die die Wahl des Standortes für die Niederlassung eines Betriebes beeinflussen. Solche Kräfte sind z. B. Menschen, die Arbeit suchen, Verbraucher, die Güter kaufen wollen, die Leistungsfähigkeit des Verkehrsneztes, das Angebot an Energie und Rohstoffen.

Steppe: In den niederschlagsarmen Gebieten der Subtropen und der gemäßigten Zone treten Steppen auf. Sie sind durch eine Gras- und Krautvegetation gekennzeichnet. Bäume und Sträucher wachsen nur in Flusstälern.

Subpolares Klima (Tundraklima): Zwischen dem Eisklima der Polkappen und dem Nadelwaldklima liegen Gebiete mit kalten und langen Wintern sowie kurzen und kühlen Sommern.

Subtropisches Klima: Zwischen den Tropen und der gemäßigten Zone liegen Gebiete der Subtropen mit sehr warmem bis heißem Sommer und mildem Winter. Das Mittelmeerklima ist ein Klima der Subtropen.

Trockenfeldbau (Regenfeldbau): Feldbau kann aufgrund ausreichender Niederschläge ohne Bewässerung betrieben werden.

Trogtal: Ein Gletscher hat das Tal während der Eiszeit trogförmig ausgeweitet und vertieft.

Tundra: Baumlose, durch Polsterpflanzen, Flechten und Moose sowie sommergrüne Stauden und Zwergsträucher gekennzeichnete Kältesteppe; außerdem wachsen Zwergsträucher wie Strauchbirken, Strauchweiden und Heidekrautgewächse.

Übergangsklima: In Mitteleuropa vollzieht sich der Übergang vom Seeklima in Westeuropa zum Landklima in Osteuropa. Im Übergangsklima sind die vier Jahreszeiten Frühjahr, Sommer, Herbst und Winter etwa gleich lang.

Vegetation: Der Pflanzenwuchs eines Gebietes; alle dort wachsenden Pflanzen bilden die Vegetation.

Vegetationszone: Je nach dem vorherrschenden Klima stellt sich eine bestimmte Vegetation ein. Da sich um die Erde Zonen mit gleichartigem Klima legen, haben sich auch Zonen mit gleichartigem Pflanzenwuchs entwickelt.

Vielvölkerstaat: In einem Vielvölkerstaat (Nationalitätenstaat) leben mehrere sprachlich und kulturell eigenständige Völker (Nationen).

Vulkan: Durch den Ausstoß von Lava, Gestein und Asche aus der Erdkruste entsteht ein Berg. Vulkanausbrüche haben oft verheerende Wirkung.

Wetter: Der augenblickliche Zustand bzw. Vorgang in der Lufthülle, es ist z. B. windig und regnerisch. Temperatur, Wolken und Niederschlag sowie Luftdruck und Wind bestimmen das Wetter.

Zitrusfrüchte (Agrumen): Südfruchtarten wie Zitrone, Apfelsine, Pampelmuse gedeihen vor allem im Mittelmeerklima.

Bildnachweis

Titelfoto: Pendolino in den Alpen, Schweiz

Ganzseitige Fotos
S.   5: Europa - Sehenswürdigkeiten
S. 21: Geirangerfjord in Norwegen
S. 37: Mont St. Michel in Frankreich
S. 61: Blick ins Oetztal/Tirol, Österreich
S. 97: Dubrovnik an der Adriaküste in Kroatien
S.109: Casares in Andalusien, Spanien
S.127: Wolga/Nischni Nowgorod in Russland
S.139: Kinder in Europa

AeroCamera, Rotterdam (S. 57/1, 59/1, 65/1); AKG, Berlin (S. 27/2, 155/1, 155/2, 156/1); Bavaria-Bildagentur/Taubenberger, München (S. 89/1, 123); B.Culik, Kiel (S. 25/1); D. Christel, Berlin (S. 138/2); dpa/ZB-Fotoagentur Zentralbild GmbH, Berlin (S. 121/1), dpa/ANSA-Foto (S. 120/2), dpa/Euopean Press (S. 120/2); Europäische Kommission, Bonn (S.55/1, 139); J. Eßrich, Simmersfeld/Beuren (S. 100/1); Finnische Botschaft, Bonn (S. 25/2); Foto-Service SBB, Zürich (Titelfoto); FVA, Görlitz (S.144); FVA/Spanien, Berlin (S. 125/1), Imagen Mas (S. 117/1), Ontanon (S. 117/4), Siquier (S. 117/2); F. Geiger Merzhausen (S. 119/1,119/2, 126/1); GEOSPACE/Beckel, Ischl (S. 85, 106/2); S. Heimer, Dresden (S. 114/1, 115/2); Helga Lade Fotoagentur, Berlin: Bramaz (S. 78/1), Loewes (S. 62/2, 82/1), Mau (S. 96), Tetzlaff (S. 74/1); H. Hohmann, Berlin (S. 7/3, 11/1, 11/3, 22/3, 93/1, 102/2, 110/1, 121/2, 131/1); IFA-Bilderteam, München-Taufkirchen: Aigner (S. 115/3), Diaf (S. 39/3), Jochem (S. 37), Lederer (S. 107/4), TPC (S. 110/2), Warter (S. 26/1, 27/3); Jürgens Ost und Europa Photo, Berlin (S. 81/3, 99/1, 108, 131/2); J. Keute, Frankfurt am Main (S. 45/1, 65/3, 67/1, 67/2, 71/1, 71/2); K. König, Berlin (S. 50/1, 115/4, 117/3); H. Krumbholz, Berlin (S. 7/1, 43/2, 51/2, 81/1, 93/2, 97); S. Kutschke, Dewsbury (S. 38/1, 43/1); Mauritius Bildagentur, Berlin: Burger (S. 133/1, 133/2), Dobrev (S. 133/3), fm (S. 75/2); H.-G. Niemz, Neu-Isenburg (S. 103/3); NORDIS Marketing GmbH, Essen: Bünte (S. 22/2); I. K. Petřik, Prag (S. 65/2, 86/1); K. Pfeffer, Tübingen (S.102/1); RIA-NOWOSTI, Berlin (S. 127, 134, 138/1); D. Richter, Großburgwedel (S. 72/1, 76/1); K. Rudloff, Berlin (S. 106/1, 107/3); Ruhrgas AG, Essen (S. 33/1, 48); H.-J. Schubert, Zwickau (S. 81/2); H. R. Stammer, Mainz (S. 39/2); Superbild, Berlin: Bach (S. 7/2, 35/2, 104/1),Diaphor (S. 53/1), Ducke (S. 51/3), Gräfenhain (S. 11/2, 21, 34/1, 55/2, 61, 89/2, 126/2), Grahammer (S. 5), Schmitt (S. 22/1, 126/3), Tetzuo Sayama (S. 7/4);Tauernkraftwerke AG, Salzburg (S. 91/1); Tony Stone, Hamburg (S. 109); VWV-Archiv, Berlin (S. 62/1, 64, 99/2, 128, 131/3).

Quellennachweis

Euro-Reiseatlas Österreich, RV Verlag, Stuttgart 1997, S. 24 (S. 154); S. 7 (S. 20); Wolter, J., Cartoon-Caricature-Contor München (S. 143).

Allgemeine Grundlagen für statistische Angaben

Harenberg Länderlexikon 95/96, Harenberg Lexikon Verlag, Dortmund 1995; Der Fischer Weltalmanach 1997, Fischer Taschenbuchverlag, Frankfurt am Main 1996; Statistisches Jahrbuch 1996 für die Bundesrepublik Deutschland; Statistisches Jahrbuch 1996 für das Ausland.